edition suhrkamp

Redaktion: Günther Busch

Max Frisch, am 15. Mai 1911 in Zürich geboren, lebt heute in seiner Geburtsstadt und in Berzona. Seine wichtigsten Prosaveröffentlichungen: *Tagebuch 1946–1949* (1950), *Stiller* (1954), *Homo faber* (1957), *Mein Name sei Gantenbein* (1964), *Tagebuch 1966–1971* (1972), *Montauk* (1975), *Rede zum Friedenspreis des Deutschen Buchhandels* (1976), *Der Traum des Apothekers von Locarno* (1978), *Der Mensch erscheint im Holozän* (1979) und *Blaubart* (1982). Stücke u. a.: *Graf Öderland* (1951), *Don Juan oder die Liebe zur Geometrie* (1953), *Biedermann und die Brandstifter* (1958), *Andorra* (1961), *Biografie: Ein Spiel* (1967); *Triptychon. Drei szenische Bilder* (1978). Sein Werk, vielfach ausgezeichnet, erscheint im Suhrkamp Verlag.

Das Lehrstück ohne Lehre *Biedermann und die Brandstifter* wurde am 29. März 1958 am Schauspielhaus in Zürich uraufgeführt. Die deutsche Erstaufführung mit der Uraufführung des *Nachspiels in der Hölle* war am 28. September 1958 an den Städtischen Bühnen Frankfurt am Main.

Frischs Stück ist die Geschichte des Bürgers Gottlieb Biedermann, der die Brandstifter in sein Haus läßt, um von ihnen – verzweifelte Hoffnung opportunistischer Bonhomie – verschont zu werden. Das Stück entlarvt präzise eine Geisteshaltung, die der Technik des Totalitären zum Erfolg verhilft.

Max Frisch
Biedermann und die Brandstifter
Ein Lehrstück ohne Lehre

Suhrkamp Verlag

edition suhrkamp 41
Erste Auflage 1963
© Suhrkamp Verlag, Frankfurt am Main 1958. Printed in Germany. Der Text
folgt der Einzelausgabe *Biedermann und die Brandstifter*, Frankfurt am Main
1961. Alle Rechte vorbehalten, insbesondere das der Übersetzung, des öffent-
lichen Vortrags, des Rundfunkvortrags und der Verfilmung, auch einzelner
Abschnitte. Das Recht der Aufführung ist nur vom Suhrkamp Verlag in Frankfurt am Main zu erwerben; den Bühnen und Vereinen gegenüber als Manu-
skript gedruckt. Satz, in Linotype Garamond, bei Georg Wagner, Nördlingen.
Druck und Bindung bei Ebner Ulm. Gesamtausstattung Willy Fleckhaus.

37 – 88 87 86

Biedermann und die Brandstifter

Personen
Herr Biedermann
Babette, seine Frau
Anna, ein Dienstmädchen
Schmitz, ein Ringer
Eisenring, ein Kellner
Ein Polizist
Ein Dr. phil.
Witwe Knechtling
Der Chor, bestehend aus den Mannen der Feuerwehr

Szene
Eine Stube, ein Dachboden

Die Bühne ist finster, dann leuchtet ein Streichholz auf: man sieht das Gesicht von Herrn Biedermann, der sich eine Zigarre anzündet und jetzt, da es heller wird, sich seinerseits umsieht. Ringsum stehen Feuerwehrmänner in Helmen.

BIEDERMANN Nicht einmal eine Zigarre kann man heutzutage anzünden, ohne an Feuersbrunst zu denken! . . . das ist ja widerlich –
Biedermann verbirgt die rauchende Zigarre und verzieht sich, worauf die Feuerwehr vortritt in der Art des antiken Chors.
Eine Turmuhr schlägt: ein Viertel.

CHOR
Bürger der Vaterstadt, seht
Wächter der Vaterstadt uns,
Spähend,
Horchend,
Freundlichgesinnte dem freundlichen Bürger –

CHORFÜHRER
Der uns ja schließlich bezahlt.

CHOR
Trefflichgerüstete
Wandeln wir um euer Haus,
Wachsam und arglos zugleich.

CHORFÜHRER

Manchmal auch setzen wir uns,
Ohne zu schlafen jedoch, unermüdlich

CHOR

Spähend,
Horchend,
Daß sich enthülle Verhülltes,
Eh' es zum Löschen zu spät ist,
Feuergefährliches.
Eine Turmuhr schlägt halb.

CHORFÜHRER

Feuergefährlich ist viel,
Aber nicht alles, was feuert, ist Schicksal,
Unabwendbares.

CHOR

Anderes nämlich, Schicksal genannt,
Daß du nicht fragest, wie's kommt,
Städtevernichtendes auch, Ungeheueres,
Ist Unfug,

CHORFÜHRER

Menschlicher,

CHOR

Allzumenschlicher,

CHORFÜHRER

Tilgend das sterbliche Bürgergeschlecht.
Eine Turmuhr schlägt: drei Viertel.

CHOR

Viel kann vermeiden Vernunft.

CHORFÜHRER

Wahrlich:

CHOR

Nimmer verdient es der Gott,
Nimmer der Mensch,
Denn der, achtet er Menschliches so,

Nimmer verdient er den Namen
Und nimmer die göttliche Erde,
Die unerschöpfliche,
Fruchtbar und gnädig dem Menschen,
Und nimmer die Luft, die er atmet,
Und nimmer die Sonne –
Nimmer verdient,
Schicksal zu heißen, bloß weil er geschehen:
Der Blödsinn,
Der nimmerzulöschende einst!
Die Turmuhr schlägt: vier Viertel.

CHORFÜHRER

Unsere Wache hat begonnen.
Der Chor setzt sich, während der Stundenschlag tönt:
neun Uhr.

Stube

Gottlieb Biedermann sitzt in seiner Stube und liest die Zeitung, eine Zigarre rauchend, und Anna, das Dienstmädchen mit weißem Schürzchen, bringt eine Flasche Wein.

ANNA Herr Biedermann?
Keine Antwort
Herr Biedermann –
Er legt die Zeitung zusammen.
BIEDERMANN Aufhängen sollte man sie. Hab ich's nicht immer gesagt? Schon wieder eine Brandstiftung. Und wieder dieselbe Geschichte, sage und schreibe: wieder so ein Hausierer, der sich im Dachboden einnistet, ein harmloser Hausierer ...
Er nimmt die Flasche.
Aufhängen sollte man sie!
Er nimmt den Korkenzieher.
ANNA Herr Biedermann –
BIEDERMANN Was denn?
ANNA Er ist noch immer da.
BIEDERMANN Wer?
ANNA Der Hausierer, der Sie sprechen möchte.
BIEDERMANN Ich bin nicht zu Haus!
ANNA Das hab ich ihm gesagt, Herr Biedermann, schon vor einer Stunde. Er sagt, er kenne Sie. Herr Biedermann, ich kann diesen Menschen nicht vor die Tür werfen. Ich kann's nicht!

BIEDERMANN Wieso nicht?

ANNA Nämlich er ist sehr kräftig . . .

Biedermann zieht den Korken.

BIEDERMANN Er soll morgen ins Geschäft kommen.

ANNA Ich hab's ihm gesagt, Herr Biedermann, schon drei
Mal, aber das interessiert ihn nicht.

BIEDERMANN Wieso nicht?

ANNA Er will kein Haarwasser.

BIEDERMANN Sondern?

ANNA Menschlichkeit . . .

Biedermann riecht am Korken.

BIEDERMANN Sagen Sie ihm, ich werde ihn eigenhändig
vor die Tür werfen, wenn er nicht sofort verschwindet.

Er füllt sorgsam sein Burgunderglas.

Menschlichkeit! . . .

Er kostet den Wein.

Er soll im Flur draußen warten. Ich komme sofort.
Wenn er irgend etwas verkauft, ein Traktat oder Rasier-
klingen, ich bin kein Unmensch, aber – ich bin kein
Unmensch, Anna, das wissen Sie ganz genau! – aber es
kommt mir keiner ins Haus. Das habe ich Ihnen schon
hundertmal gesagt! Und wenn wir drei freie Betten
haben, es kommt nicht in Frage, sag ich, nicht in Frage.
Man weiß, wohin das führen kann – heutzutage . . .

*Anna will gehen und sieht, daß der Fremde eben ein-
getreten ist: ein Athlet, sein Kostüm erinnert halb an
Strafanstalt und halb an Zirkus, Tätowierung am Arm,
Lederbinde um die Handgelenke. Anna schleicht hinaus.
Der Fremde wartet, bis Biedermann seinen Wein ge-
kostet hat und sich umdreht.*

SCHMITZ Guten Abend.

Biedermann verliert die Zigarre vor Verblüffung.

Ihre Zigarre, Herr Biedermann –

Er hebt die Zigarre auf und gibt sie Biedermann.

BIEDERMANN Sagen Sie mal –

SCHMITZ Guten Abend!

BIEDERMANN Was soll das heißen? Ich habe dem Mädchen ausdrücklich gesagt, Sie sollen im Flur draußen
warten. Wieso – ich muß schon sagen ... ohne zu klopfen ...

SCHMITZ Mein Name ist Schmitz.

BIEDERMANN Ohne zu klopfen.

SCHMITZ Schmitz Josef.

Schweigen

Guten Abend!

BIEDERMANN Und was wünschen Sie?

SCHMITZ Herr Biedermann brauchen keine Angst haben:
Ich bin kein Hausierer!

BIEDERMANN Sondern?

SCHMITZ Ringer von Beruf.

BIEDERMANN Ringer?

SCHMITZ Schwergewicht.

BIEDERMANN Ich sehe.

SCHMITZ Das heißt: gewesen.

BIEDERMANN Und jetzt?

SCHMITZ Arbeitslos.

Pause

Herr Biedermann brauchen keine Angst haben, ich
suche keine Arbeit. Im Gegenteil. Die Ringerei ist mir
verleidet ... Bin nur gekommen, weil's draußen so
regnet.

Pause

Hier ist's wärmer.

Pause

Hoffentlich stör ich nicht. –

Pause

BIEDERMANN Rauchen Sie?

Er bietet Zigarren an.

SCHMITZ Das ist schrecklich, Herr Biedermann, wenn einer so gewachsen ist wie ich. Alle Leute haben Angst vor mir ... Danke!

Biedermann gibt ihm Feuer.

Danke.

Sie stehen und rauchen.

BIEDERMANN Kurz und gut, was wünschen Sie?

SCHMITZ Mein Name ist Schmitz.

BIEDERMANN Das sagten Sie schon, ja, sehr erfreut –

SCHMITZ Ich bin obdachlos.

Er hält die Zigarre unter die Nase und kostet den Duft.

Ich bin obdachlos.

BIEDERMANN Wollen Sie – ein Stück Brot?

SCHMITZ Wenn Sie nichts andres haben ...

BIEDERMANN Oder ein Glas Wein?

SCHMITZ Brot und Wein ... Aber nur wenn ich nicht störe, Herr Biedermann, nur wenn ich nicht störe!

Biedermann geht zur Tür.

BIEDERMANN Anna!

Biedermann kommt zurück.

SCHMITZ Das Mädchen hat mir gesagt, Herr Biedermann will mich persönlich hinauswerfen, aber ich habe gedacht, Herr Biedermann, daß das nicht Ihr Ernst ist ...

Anna ist eingetreten.

BIEDERMANN Anna, bringen Sie ein zweites Glas.

ANNA Sehr wohl.

BIEDERMANN Und etwas Brot – ja.

SCHMITZ Und wenn's dem Fräulein nichts ausmacht: etwas Butter. Etwas Käse oder kaltes Fleisch oder so. Nur keine Umstände. Ein paar Gurken, eine Tomate oder so, etwas Senf – was Sie grad haben, Fräulein.

ANNA Sehr wohl.

SCHMITZ Nur keine Umstände!

Anna geht hinaus.

BIEDERMANN Sie kennen mich, haben Sie dem Mädchen gesagt.

SCHMITZ Freilich, Herr Biedermann, freilich.

BIEDERMANN Woher?

SCHMITZ Nur von Ihrer besten Seite, Herr Biedermann, nur von Ihrer besten Seite. Gestern Abend am Stammtisch, ich weiß, Herr Biedermann haben mich gar nicht bemerkt in der Ecke, die ganze Wirtschaft hat sich gefreut, Herr Biedermann, jedes Mal, wenn Sie mit der Faust auf den Tisch geschlagen haben.

BIEDERMANN Was habe ich denn gesagt?

SCHMITZ Das Einzigrichtige.

Er raucht seine Zigarre, dann:

Aufhängen sollte man sie. Alle. Je rascher, um so besser. Aufhängen. Diese Brandstifter nämlich . . .

Biedermann bietet einen Sessel an.

BIEDERMANN Bitte. –

Schmitz setzt sich.

SCHMITZ Männer wie Sie, Herr Biedermann, das ist's, was wir brauchen!

BIEDERMANN Jaja, gewiß, aber –

SCHMITZ Kein Aber, Herr Biedermann, kein Aber! Sie sind noch vom alten Schrot und Korn, Sie haben noch eine positive Einstellung. Das kommt davon.

BIEDERMANN Gewiß –

SCHMITZ Sie haben noch Zivilcourage.

BIEDERMANN Sicher –

SCHMITZ Das kommt eben davon.

BIEDERMANN Wovon?

SCHMITZ Sie haben noch ein Gewissen, das spürte die ganze Wirtschaft, ein regelrechtes Gewissen.

BIEDERMANN Jaja, natürlich –

SCHMITZ Herr Biedermann, das ist gar nicht natürlich.

Heutzutage. Im Zirkus, wo ich gerungen hab, zum Beispiel – und drum, sehn Sie, ist er dann auch niedergebrannt, der ganze Zirkus! – unser Direktor zum Beispiel, der hat gesagt: Sie können mir, Sepp! – ich heiße
doch Josef ... Sie können mir! hat er gesagt: Wozu soll
ich ein Gewissen haben? Wörtlich. Was ich brauch, um
mit meinen Bestien fertigzuwerden, das ist 'ne Peitsche.
Wörtlich! So einer war das. Gewissen! hat er gelacht:
Wenn einer ein Gewissen hat, so ist es meistens ein
schlechtes ...
Er raucht genußvoll.
Gott hab ihn selig.

BIEDERMANN Das heißt, er ist tot?

SCHMITZ Verbrannt mit seinem ganzen Plunder ...
Eine Standuhr schlägt neun.

BIEDERMANN Versteh nicht, was das Mädchen so lang
macht!

SCHMITZ Ich hab Zeit. –
*Es gibt sich, daß sie einander plötzlich in die Augen
blicken.*
Sie haben auch kein freies Bett im Haus, Herr Biedermann, das Mädchen sagte es schon –

BIEDERMANN Warum lachen Sie?

SCHMITZ Leider kein freies Bett! das sagen nämlich alle,
kaum daß ein Obdachloser – und dabei will ich gar kein
Bett.

BIEDERMANN Nein?

SCHMITZ Ich bin's gewohnt, Herr Biedermann, auf dem
Boden zu schlafen. Mein Vater war Köhler. Ich bin's
gewohnt ...
Er raucht vor sich hin.
Kein Aber, Herr Biedermann, kein Aber! sag ich: Sie
sind keiner von denen, der in der Wirtschaft ein großes
Maul verreißt, weil er Schiß hat. Ihnen glaub ich's.

<u>aufreißt</u>   Angst

15

Leider kein freies Bett! – das sagen alle – aber Ihnen, Herr Biedermann, glaub ich aufs Wort ... Wo führt das noch hin, wenn keiner mehr dem andern glaubt? Ich sag immer: Wo führt das noch hin, Kinder! Jeder hält den andern für einen Brandstifter, nichts als Mißtrauen in der Welt. Oder hab ich nicht recht? Das spürte die ganze Wirtschaft, Herr Biedermann: Sie glauben noch an das Gute in den Menschen und in sich selbst. Oder hab ich nicht recht? Sie sind der erste Mensch in dieser Stadt, der unsereinen nicht einfach wie einen Brandstifter behandelt –

BIEDERMANN Hier ist ein Aschenbecher.

SCHMITZ Oder hab ich nicht recht?

Er schlägt sorgsam die Asche seiner Zigarre ab.

Die meisten Leute heutzutag glauben nicht an Gott, sondern an die Feuerwehr.

BIEDERMANN Was wollen Sie damit sagen?

SCHMITZ Die Wahrheit.

Anna bringt ein Tablettchen.

ANNA Kaltes Fleisch haben wir keins.

SCHMITZ Das genügt, Fräulein, das genügt – nur den Senf haben Sie noch vergessen.

ANNA Entschuldigung!

Anna geht hinaus.

BIEDERMANN Essen Sie! –

Biedermann füllt die Gläser.

SCHMITZ Nicht überall, Herr Biedermann, wird man so empfangen. Das kann ich Ihnen sagen! Ich habe schon Dinge erlebt – Kaum tritt unsereiner über die Schwelle, Mann ohne Krawatte, obdachlos, hungrig: Nehmen Sie Platz! heißt es, und hintenherum rufen sie die Polizei. Was finden Sie dazu? Ich frage nach einem Obdach, nichts weiter, ein braver Ringer, der sein Leben lang gerungen hat; da packt so ein Herr, der noch nie gerungen hat, unsereinen am Kragen – Wieso? frag ich und dreh mich bloß um, bloß um ihn anzublicken, schon hat er die Schulter gebrochen.

Er nimmt das Glas.

Prost!

Sie trinken, und Schmitz beginnt zu futtern.

BIEDERMANN Es ist halt so eine Sache, mein Herr, heutzutage. Keine Zeitung kann man mehr aufschlagen: Schon wieder so eine Brandstifterei! Und wieder die alte Geschichte, sage und schreibe: Wieder ein Hausierer, der um Obdach bittet, und am andern Morgen steht das Haus in Flammen ... Ich meine nur – offengesprochen: Ich kann ein gewisses Mißtrauen schon verstehen.

Er greift zu seiner Zeitung.

Hier: bitte!

Er legt ihm die offene Zeitung neben den Teller.

SCHMITZ Ich hab's gesehen.

BIEDERMANN Ein ganzer Stadtteil.

Er erhebt sich, um es Schmitz zu zeigen.

Hier: lesen Sie das!

Schmitz futtert und liest und trinkt.

SCHMITZ Beaujolais?

BIEDERMANN Ja.

SCHMITZ Dürfte noch etwas wärmer sein ...

Er liest über den Teller hinweg:

»– scheint es, daß die Brandstiftung nach dem gleichen Muster geplant und durchgeführt worden ist wie schon das letzte Mal.«

Sie geben einander einen Blick.

BIEDERMANN Ist das nicht unglaublich?!

Schmitz legt die Zeitung weg.

SCHMITZ Drum les ich ja keine Zeitungen.

BIEDERMANN Wie meinen Sie das?

SCHMITZ Weil's immer wieder dasselbe ist.

BIEDERMANN Jaja, mein Herr, natürlich, aber — das ist doch keine Lösung, mein Herr, einfach keine Zeitung lesen; schließlich und endlich muß man doch wissen, was einem bevorsteht.

SCHMITZ Wozu?

BIEDERMANN Einfach so.

SCHMITZ Es kommt ja doch, Herr Biedermann, es kommt ja doch!
Er riecht an der Wurst.
Gottesgericht.
Er schneidet sich Wurst ab.

BIEDERMANN Meinen Sie?
Anna bringt den Senf.

SCHMITZ Danke, Fräulein, danke!

ANNA Sonst noch etwas?

SCHMITZ Heute nicht.
Anna bleibt bei der Türe.
Senf ist nämlich meine Leibspeise —
Er drückt Senf aus der Tube.

BIEDERMANN Wieso Gottesgericht?!

SCHMITZ Weiß ich's . . .
Er futtert und blickt nochmals in die Zeitung:
»— scheint es den Sachverständigen, daß die Brandstiftung nach dem gleichen Muster geplant und durchgeführt worden ist wie schon das letzte Mal.«
Er lacht kurz, dann füllt er sein Glas mit Wein.

ANNA Herr Biedermann?

BIEDERMANN Was denn?

ANNA Herr Knechtling möchte Sie sprechen.

BIEDERMANN Knechtling? Jetzt? Knechtling?

ANNA Er sagt —

BIEDERMANN Kommt nicht in Frage.

ANNA Er könne Sie gar nicht verstehen —

BIEDERMANN Wozu muß er mich verstehen?

ANNA Er habe eine kranke Frau und drei Kinder –

BIEDERMANN Kommt nicht in Frage! sag ich.

Er ist aufgestanden vor Ungeduld.

Herr Knechtling! Herr Knechtling! Herr Knechtling soll mich gefälligst in Ruh lassen, Herrgottnochmal, oder er soll einen Anwalt nehmen. Bitte! Ich habe Feierabend. Herr Knechtling! Ich verbitte mir dieses Getue wegen einer Kündigung. Lächerlich! Und dabei gibt's heutzutage Versicherungen wie noch nie in der Geschichte der Menschheit ... Ja! Soll er einen Anwalt nehmen. Bitte! Ich werde auch einen Anwalt nehmen. Beteiligung an seiner Erfindung! Soll er sich unter den Gasherd legen oder einen Anwalt nehmen – bitte! – wenn Herr Knechtling es sich leisten kann, einen Prozeß zu verlieren oder zu gewinnen. Bitte! Bitte!

Er beherrscht sich mit Blick auf Schmitz.

Sagen Sie Herrn Knechtling: Ich habe Besuch.

Anna geht hinaus.

Sie entschuldigen!

SCHMITZ Sie sind hier zu Haus, Herr Biedermann.

BIEDERMANN Schmeckt es denn?

Er setzt sich und schaut zu, wie der Gast genießt.

SCHMITZ Wer hätte gedacht, ja, wer hätte gedacht, daß es das noch gibt! Heutzutage.

BIEDERMANN Senf?

SCHMITZ Menschlichkeit.

Er schraubt die Tube wieder zu.

Ich meine nur so: Daß Sie mich nicht einfach am Kragen packen, Herr Biedermann, um unsereinen einfach auf die Straße zu werfen – hinaus in den Regen! – sehen Sie, das ist's, Herr Biedermann, was wir brauchen: Menschlichkeit.

Er nimmt die Flasche und gießt sich ein.

Vergelt's Gott.

Er trinkt und genießt es sichtlich.

BIEDERMANN Sie müssen jetzt nicht denken, Herr Schmitz,
daß ich ein Unmensch sei –

SCHMITZ Herr Biedermann!

BIEDERMANN Frau Knechtling nämlich behauptet das!

SCHMITZ Wenn Sie ein Unmensch wären, Herr Biedermann, dann würden Sie mir heute nacht kein Obdach
geben, das ist mal klar.

BIEDERMANN Nicht wahr?

SCHMITZ Und wenn's auch nur auf dem Dachboden ist.
Er stellt das Glas nieder.
Jetzt ist er richtig, unser Wein.
Es klingelt an der Haustür.
Polizei –?

BIEDERMANN Meine Frau –

SCHMITZ Hm.
Es klingelt nochmals.

BIEDERMANN Kommen Sie! ... Aber unter einer Bedin-
gung, mein Herr: Kein Lärm! Meine Frau ist herzkrank –
*Man hört Frauenstimmen draußen, und Biedermann
winkt dem Schmitz, daß er sich beeile, und hilft, Tablettchen und Glas und Flasche werden mitgenommen, sie
gehen auf Fußspitzen nach rechts, wo aber der Chor
sitzt.*
Sie entschuldigen!
Er steigt über die Bank.

SCHMITZ Sie entschuldigen!
*Er steigt über die Bank, und sie verschwinden, während
von links Frau Biedermann in die Stube tritt, begleitet
von Anna, die ihr die Sachen abnimmt.*

BABETTE Wo ist mein Mann? Sie wissen, Anna, wir sind
keine Spießer: Sie können einen Schatz haben, aber ich
will nicht, Anna, daß Sie ihn im Haus verstecken.

ANNA Frau Biedermann, ich hab aber keinen.

BABETTE Und wem gehört das rostige Fahrrad, das unten neben unsrer Haustüre steht? Ich bin ja zu Tod erschrocken –

Dachboden

Biedermann knipst das Licht an, man sieht den Dachboden, er winkt dem Schmitz, daß er eintreten soll, es wird nur geflüstert.

BIEDERMANN Hier ist der Schalter . . . Wenn Sie kalt haben, irgendwo gibt's ein altes Schaffell, glaub ich – aber leise, Herrgottnochmal . . . Ziehn Sie die Schuhe aus!

Schmitz stellt das Tablettchen ab und zieht einen Schuh aus.

Herr Schmitz –

SCHMITZ Herr Biedermann?

BIEDERMANN Sie versprechen es mir aber: Sie sind aber wirklich kein Brandstifter?

Schmitz muß lachen.

Scht!

Er nickt gut' Nacht, geht hinaus und macht die Tür zu, Schmitz zieht den anderen Schuh aus.

Stube

Babette hat etwas gehört und horcht, sie blickt entsetzt, dann plötzlich Erleichterung, sie wendet sich an den Zuschauer.

BABETTE Mein Mann, der Gottlieb, hat mir versprochen, jeden Abend persönlich auf den Dachboden zu gehen, um persönlich nachzuschauen, ob kein Brandstifter da ist. Ich bin ihm dankbar. Sonst könnte ich nämlich die halbe Nacht lang nicht schlafen ...

Dachboden

Schmitz geht zum Schalter, jetzt in Socken, und löscht das Licht.

CHOR

Bürger der Vaterstadt, seht
Wachen uns, Wächter der Unschuld,
Arglos noch immer,
Freundlichgesinnte der schlafenden Stadt,
Sitzend,
Stehend –

CHORFÜHRER

Manchmal eine Pfeife stopfend zur Kurzweil.

CHOR

Spähend,
Horchend,
Daß nicht ein Feuer aus traulichen Dächern
Lichterloh
Tilge die Vaterstadt uns.
Eine Turmuhr schlägt drei.

CHORFÜHRER

Jedermann weiß, daß wir da sind, und weiß:
Anruf genügt.
Er stopft sich die Pfeife.

CHOR

Wer denn macht Licht in der Stube
Um diese Stunde?
Wehe, in nervenzerrüttetem Zustand
Schlaflos-unselig
Seh ich die Gattin.

Babette erscheint im Morgenrock.

BABETTE Da hustet einer! . . .

Man hört Schnarchen.

Gottlieb! Hörst du's denn nicht?

Man hört Husten.

Da ist doch einer! . . .

Man hört Schnarchen.

Männer! dann nehmen sie einfach ein Schlafpulver.

Eine Turmuhr schlägt vier.

CHORFÜHRER

's ist vier Uhr.

Babette löscht das Licht wieder.

CHORFÜHRER

Aber ein Anruf kam nicht.

*Er steckt die Pfeife wieder ein, es wird hell im Hinter-
grund.*

CHOR

Strahl der Sonne,
Wimper, o göttlichen Auges,
Aufleuchtet noch einmal Tag
Über den traulichen Dächern der Stadt.
    Heil uns!
Nichts ist geschehen der nächtlichen Stadt,
Heute noch nichts . . .
    Heil uns!
Der Chor setzt sich.

Stube

Biedermann steht in Mantel und Hut, Ledermappe unterm Arm, trinkt seinen Morgenkaffee und spricht zur Stube hinaus.

BIEDERMANN – zum letzten Mal: Er ist kein Brandstifter!
STIMME Woher weißt du das?
BIEDERMANN Ich habe ihn ja selbst gefragt ... Und überhaupt: Kann man eigentlich nichts anderes mehr denken in dieser Welt? Das ist ja zum Verrücktwerden, ihr mit euren Brandstiftern die ganze Zeit –
Babette kommt mit einem Milchkrug.
Zum Verrücktwerden!
BABETTE Schrei mich nicht an.
BIEDERMANN Ich schrei nicht dich an, Babette, ich schreie ganz allgemein.
Sie gießt Milch in seine Tasse.
Ich muß ja gehn!
Er trinkt seinen Kaffee, der zu heiß ist.
Wenn man jedermann für einen Brandstifter hält, wo führt das hin? Man muß auch ein bißchen Vertrauen haben, Babette, ein bißchen Vertrauen –
Er blickt auf seine Armbanduhr.
BABETTE Du bist zu gutmütig. Das mach ich nicht mit, Gottlieb. Du läßt dein Herz sprechen, während ich die ganze Nacht nicht schlafen kann ... ich will ihm ein Frühstück geben, aber dann, Gottlieb, schick ich ihn auf den Weg.

BIEDERMANN Tu das.

BABETTE In aller Freundlichkeit, weißt du, ohne ihn zu kränken.

BIEDERMANN Tu das.

Er stellt die Tasse hin.

Ich muß zum Rechtsanwalt.

Er gibt Babette einen Gewohnheitskuß, in diesem Augenblick erscheint Schmitz, der ein Schaffell trägt; sie sehen ihn noch nicht.

BABETTE Warum hast du Knechtling entlassen?

BIEDERMANN Weil ich ihn nicht mehr brauche.

BABETTE Du warst immer so zufrieden mit ihm.

BIEDERMANN Das ist es ja, was er ausnutzen will. Beteiligung an seiner Erfindung! Und dabei weiß Knechtling ganz genau, was unser Haarwasser ist: eine kaufmännische Leistung, aber keine Erfindung. Lächerlich! Die guten Leute, die unser Haarwasser auf die Glatze streichen, könnten ebensogut ihren eigenen Harn –

BABETTE Gottlieb!

BIEDERMANN Es ist aber auch wahr!

Er vergewissert sich, ob er alles in der Mappe hat.

Ich bin zu gutmütig, du hast recht: diesem Knechtling werde ich die Kehle schon umdrehn.

Er will gehen und sieht Schmitz.

SCHMITZ Guten Morgen, die Herrschaften!

BIEDERMANN Herr Schmitz –

Schmitz streckt ihm die Hand hin.

SCHMITZ Sagen Sie doch einfach Sepp!

Biedermann gibt seine Hand nicht.

BIEDERMANN – meine Frau wird mit Ihnen sprechen, Herr Schmitz. Ich muß gehen. Leider. Ich wünsche Ihnen aber alles Gute . . .

Er schüttelt dem Schmitz die Hand.

Alles Gute, Sepp, alles Gute!

Biedermann geht weg.

SCHMITZ Alles Gute, Gottlieb, alles Gute!

Babette starrt ihn an.

Ihr Mann heißt doch Gottlieb? . . .

BABETTE Wie haben Sie geschlafen?

SCHMITZ Danke, kalt. Aber ich habe mir gestattet, Madame, das Schaffell zu nehmen – Erinnert mich an meine Jugend in den Köhlerhütten . . . Ja – Bin die Kälte gewohnt . . .

BABETTE Ihr Frühstück ist bereit.

SCHMITZ Madame!

Sie weist ihm den Sessel an.

Das kann ich nicht annehmen!

Sie füllt seine Tasse.

BABETTE Sie müssen tüchtig essen, Sepp. Sie haben sicherlich einen langen Weg vor sich.

SCHMITZ Wieso?

Sie weist ihm nochmals den Sessel an.

BABETTE Nehmen Sie ein weiches Ei?

SCHMITZ Zwei.

BABETTE Anna!

SCHMITZ Sie sehen, Madame, ich fühl mich schon wie zu Haus . . . Ich bin so frei –

Er setzt sich.

Anna ist eingetreten.

BABETTE Zwei weiche Eier.

ANNA Sehr wohl.

SCHMITZ Dreieinhalb Minuten.

ANNA Sehr wohl.

Anna will gehen.

SCHMITZ Fräulein!

Anna steht in der Tür.

Guten Tag!

ANNA Tag.

Anna geht hinaus.

SCHMITZ Wie das Fräulein mich ansieht! Verdammtnoch-
mal! wenn's auf die ankäme, ich glaub, ich stünde draußen im strömenden Regen.

Babette gießt Kaffee ein.

BABETTE Herr Schmitz –

SCHMITZ Ja?

BABETTE Wenn ich offen sprechen darf: –

SCHMITZ Sie zittern, Madame!?

BABETTE Herr Schmitz –

SCHMITZ Was bekümmert Sie?

BABETTE Hier ist Käse.

SCHMITZ Danke.

BABETTE Hier ist Marmelade.

SCHMITZ Danke.

BABETTE Hier ist Honig.

SCHMITZ Eins nach dem andern, Madame, eins nach dem
andern!

*Er lehnt zurück und ißt sein Butterbrot, zum Hören
bereit.*

Was ist's?

BABETTE Rundheraus, Herr Schmitz –

SCHMITZ Sagen Sie doch einfach Sepp.

BABETTE Rundheraus –

SCHMITZ Sie möchten mich los sein?

BABETTE Nein, Herr Schmitz, nein! So würd ich es nicht
sagen –

SCHMITZ Wie würden Sie's denn sagen?

Er nimmt Käse.

Tilsiter ist nämlich meine Leibspeis.

Er lehnt wieder zurück und futtert, zum Hören bereit.

Madame halten mich also für einen Brandstifter –

BABETTE Mißverstehen Sie mich nicht! Was hab ich denn
gesagt? Nichts liegt mir ferner, Herr Schmitz, als Sie

zu kränken. Ehrenwort! Sie haben mich ganz verwirrt. Wer redet denn von Brandstiftern! Ich beklage mich ja in keiner Weise, Herr Schmitz, über Ihr Benehmen –
Schmitz legt das Besteck nieder.

SCHMITZ Ich weiß: Ich hab kein Benehmen.

BABETTE Nein, Herr Schmitz, das ist es nicht –

SCHMITZ Ein Mensch, der schmatzt –

BABETTE Unsinn –

SCHMITZ Das haben sie mir schon im Waisenhaus immer gesagt: Schmitz, schmatze nicht!
Sie nimmt die Kanne, um Kaffee einzugießen.

BABETTE Sie mißverstehen mich, ach Gott, vollkommen.
Er hält die Hand auf seine Tasse.

SCHMITZ Ich geh.

BABETTE Herr Schmitz –

SCHMITZ Ich geh.

BABETTE Noch eine Tasse?
Er schüttelt den Kopf.
Eine halbe?
Er schüttelt den Kopf.
So dürfen Sie nicht gehen, Herr, ich habe Sie nicht kränken wollen, Herr, ich habe doch kein Wort gesagt, daß Sie schmatzen!
Er erhebt sich.
Habe ich Sie gekränkt?
Er faltet die Serviette zusammen.

SCHMITZ Was können Madame dafür, daß ich kein Benehmen habe! Mein Vater war Köhler. Woher soll unsereiner ein Benehmen haben! Hungern und frieren, Madame, das macht mir nichts, aber – keine Bildung, Madame, kein Benehmen, Madame, keine Kultur . . .

BABETTE Ich versteh.

SCHMITZ Ich geh.

BABETTE Wohin?

SCHMITZ Hinaus in den Regen . . .

BABETTE Ach Gott.

SCHMITZ Bin ich gewohnt.

BABETTE Herr Schmitz . . . Blicken Sie mich nicht so an! – Ihr Vater war Köhler, das sehe ich doch ein, Herr Schmitz, Sie haben sicherlich eine harte Jugend gehabt –

SCHMITZ Überhaupt keine, Madame.

Er senkt den Blick und fingert an seinen Fingern herum. Überhaupt keine. Ich zählte sieben Jahr, als meine Mutter starb . . .

Er dreht sich und wischt sich die Augen.

BABETTE Sepp! – aber Sepp . . .

Anna kommt und bringt die weichen Eier.

ANNA Sonst noch etwas?

Anna bekommt keine Antwort und geht hinaus.

BABETTE Ich schicke Sie gar nicht fort, mein Herr, das habe ich ja gar nicht gesagt. Was habe ich denn gesagt? Sie mißverstehen mich wirklich, Herr Schmitz, das ist ja furchtbar. Was kann ich denn tun, daß Sie mir glauben?

Sie faßt ihn (nicht ohne Zögern) am Ärmel.

Kommen Sie, Sepp, essen Sie!

Schmitz setzt sich wieder an den Tisch.

Wofür halten Sie uns! Ich habe nicht bemerkt, daß Sie schmatzen, Ehrenwort! Und wenn schon: Wir geben nichts auf Äußerlichkeiten, Herr Schmitz, das müssen Sie doch spüren, Herr Schmitz, wir sind nicht so . . .

Er köpft sein Ei.

SCHMITZ Vergelt's Gott!

BABETTE Hier ist Salz.

Er löffelt das Ei.

SCHMITZ 's ist wahr, Madame haben mich ja gar nicht fortgeschickt, kein Wort davon, 's ist wahr. Bitte um

Entschuldigung, daß ich Madame so mißverstanden habe...

BABETTE Ist es denn richtig, das Ei?

SCHMITZ Etwas weich... Bitte sehr um Entschuldigung.

Er hat es ausgelöffelt.

Was haben Sie denn sagen wollen, Madame, vorher als Sie sagten: Rundheraus!

BABETTE Ja, was hab ich eigentlich sagen wollen...

Er köpft das zweite Ei.

SCHMITZ Vergelt's Gott.

Er löffelt das zweite Ei.

Der Willi, der sagt immer, das gibt's gar nicht mehr: die private Barmherzigkeit. Es gibt heutzutage keine feinen Leute mehr. Verstaatlichung! Es gibt keine Menschen mehr. Sagt er! – drum geht die Welt in den Eimer – drum!...

Er salzt das Ei.

Der wird Augen machen! – wenn er ein solches Frühstück bekommt, der wird Augen machen!... der Willi!

Es klingelt an der Haustür.

Vielleicht ist er das.

Es klingelt an der Haustür.

BABETTE Wer ist der Willi?

SCHMITZ Der hat Kultur, Madame, Sie werden sehen, der ist doch Kellner gewesen damals im Metropol, bevor's niedergebrannt ist, das Metropol –

BABETTE Niedergebrannt?

SCHMITZ Oberkellner.

Anna ist eingetreten.

BABETTE Wer ist's?

ANNA Ein Herr.

BABETTE Und was will er?

ANNA Von der Feuerversicherung, sagt er, nämlich er müsse sich das Haus ansehen.

Babette erhebt sich.
Er trägt einen Frack –
Babette und Anna gehen hinaus, Schmitz gießt sich
Kaffee ein.
SCHMITZ Der Willi!

CHOR

Nun aber sind es schon zwei,
Die unsern Argwohn erwecken,
Fahrräder nämlich, verrostete, die
Jemand gehören, doch wem?

CHORFÜHRER

Eines seit gestern, das andre seit heut.

CHOR

Wehe!

CHORFÜHRER

Wieder ist Nacht, und wir wachen.
Eine Turmuhr schlägt.

CHOR

Viel sieht, wo nichts ist, der Ängstliche,
Den nämlich schreckt schon der eigene Schatten,
Kampfmutig findet ihn jedes Gerücht,
So daß er strauchelt,
So, schreckhaft, lebt er dahin,
Bis es eintritt:
In seine Stube.
Die Turmuhr schlägt.

CHORFÜHRER

Daß sie das Haus nicht verlassen, die zwei,
Wie soll ich's deuten?
Die Turmuhr schlägt.

CHOR

Blinder als blind ist der Ängstliche,

Zitternd vor Hoffnung, es sei nicht das Böse,
Freundlich empfängt er's,
Wehrlos, ach, müde der Angst,
Hoffend das beste . . .
Bis es zu spät ist.
Die Turmuhr schlägt.

CHOR
Wehe!
Der Chor setzt sich.

Dachboden

Schmitz, immer im Kostüm des Ringers, und der Andere, der seinen Frack ausgezogen hat und nur die weiße Weste trägt, sind dabei, Fässer in den Estrich zu rollen, Fässer aus Blech, wie sie zum Transport von Benzin üblich sind, alles so leise als möglich; beide haben ihre Schuhe ausgezogen.

DER ANDERE Leise! Leise!

SCHMITZ Und wenn er auf die Idee kommt und die Polizei ruft?

DER ANDERE Vorwärts!

SCHMITZ Was dann?

DER ANDERE Langsam! Langsam ... Halt.

Sie haben das Faß zu den anderen gerollt, die schon im Dämmerdunkel stehen; der Andere nimmt Putzfäden, um sich die Finger zu wischen.

Wieso soll er die Polizei rufen?

SCHMITZ Wieso nicht?

DER ANDERE Weil er selber strafbar ist.

Man hört Gurren von Tauben.

's ist leider Tag, gehn wir schlafen!

Er wirft die Putzfäden weg.

Jeder Bürger ist strafbar, genaugenommen, von einem gewissen Einkommen an. Mach dir keine Sorge! ...

Es klopft an der verriegelten Tür.

BIEDERMANN Aufmachen! Aufmachen!

Es poltert und rüttelt.

DER ANDERE Das tönt aber nicht nach Frühstück.

BIEDERMANN Aufmachen! sag ich. Sofort!

SCHMITZ So war er noch nie.

*Es poltert mehr und mehr. Der Andere zieht seinen
Frack an. Ohne Hast, aber flink. Er zieht die Krawatte
zurecht und wischt sich den Staub ab, dann öffnet er die
Tür: – eintritt Biedermann im Morgenrock, wobei er
den neuen Gesellen, da dieser hinter der aufgehenden
Tür steht, nicht bemerkt.*

BIEDERMANN Herr Schmitz!

SCHMITZ Guten Morgen, Herr Biedermann, guten Morgen, hoffentlich hat Sie das blöde Gepolter nicht ge-
weckt –

BIEDERMANN Herr Schmitz!

SCHMITZ Soll nie wieder vorkommen.

BIEDERMANN Sie verlassen mein Haus. –

Pause

Ich sage: Sie verlassen mein Haus!

SCHMITZ Wann?

BIEDERMANN Sofort.

SCHMITZ Wieso?

BIEDERMANN Oder meine Frau (ich kann und ich werde
es nicht hindern!) ruft die Polizei.

SCHMITZ Hm.

BIEDERMANN Und zwar sofort!

Pause

Worauf warten Sie?

Schmitz, stumm, nimmt seine Schuhe.

Ich will keine Diskussionen!

SCHMITZ Ich sag ja gar nichts.

BIEDERMANN Wenn Sie meinen, Herr Schmitz, ich lasse
mir alles gefallen, bloß weil Sie ein Ringer sind – ein
solches Gepolter die ganze Nacht –

Er zeigt mit gestrecktem Arm zur Tür.

Hinaus! Hinaus! sag ich. Hinaus!

Schmitz spricht zum Andern hinüber.

SCHMITZ So war er noch nie ...

Biedermann dreht sich um und ist sprachlos.

DER ANDERE Mein Name ist Eisenring.

BIEDERMANN Meine Herren –?

EISENRING Wilhelm Eisenring.

BIEDERMANN Wieso, meine Herren, wieso sind Sie plötzlich zwei?

Schmitz und Eisenring blicken einander an.

Ohne zu fragen!

EISENRING Siehst du.

BIEDERMANN Was soll das heißen?

EISENRING Ich hab's dir ja gesagt. Das macht man nicht, Sepp, du hast kein Benehmen. Ohne zu fragen! Was ist das für eine Art: – plötzlich sind wir zwei.

BIEDERMANN Ich bin außer mir.

EISENRING Siehst du!

Er wendet sich an Biedermann.

Ich hab es ihm gesagt!

Er wendet sich an Schmitz.

Hab ich es dir nicht gesagt?

Schmitz schämt sich.

BIEDERMANN Was stellen Sie sich eigentlich vor, meine Herren? Schließlich und endlich, meine Herren, bin ich der Hauseigentümer. Ich frage: Was stellen Sie sich eigentlich vor?

Pause

EISENRING Antworte, wenn der Herr dich fragt!

Pause

SCHMITZ Der Willi ist doch mein Freund ...

BIEDERMANN Was weiter?

SCHMITZ Wir sind doch zusammen in die Schule gegangen, Herr Biedermann, schon als Kinder ...

BIEDERMANN Und?

SCHMITZ Da hab ich gedacht ...

BIEDERMANN Was?

SCHMITZ Da hab ich gedacht ...

Pause

EISENRING Nichts hast du gedacht!

Er wendet sich an Biedermann.

Ich versteh Sie vollkommen, Herr Biedermann. Alles
was recht ist, aber schließlich und endlich –

Er schreit Schmitz an.

Meinst du eigentlich, ein Hauseigentümer braucht sich
alles gefallen zu lassen?

Er wendet sich an Biedermann.

Der Sepp hat Sie überhaupt nicht gefragt?

BIEDERMANN Kein Wort!

EISENRING Sepp –

BIEDERMANN Kein Wort!

EISENRING – und dann wunderst du dich, wenn man dich
auf die Straße wirft?

*Er schüttelt den Kopf und lacht wie über einen Dumm-
kopf.*

BIEDERMANN Es ist nicht zum Lachen, meine Herren. Es
ist mir bitterernst, meine Herren. Meine Frau ist herzkrank –

EISENRING Siehst du!

BIEDERMANN Meine Frau hat die halbe Nacht nicht geschlafen. Wegen dieser Polterei. Und überhaupt: – Was
machen Sie da eigentlich?

Er sieht sich um.

Was, zum Teufel, sollen diese Fässer hier?

*Schmitz und Eisenring sehen dahin, wo keine Fässer
sind.*

Hier! Bitte! Was ist das?

Er klopft auf ein Faß.

Was ist das?

SCHMITZ Fässer . . .

BIEDERMANN Wo kommen die her?

SCHMITZ Weißt du's, Willi? wo sie herkommen.

EISENRING Import, es steht drauf.

BIEDERMANN Meine Herren –

EISENRING Irgendwo steht's drauf!

Eisenring und Schmitz suchen die Anschrift.

BIEDERMANN Ich bin sprachlos. Was stellen Sie sich eigentlich vor? Mein ganzer Dachboden voll Fässer – gestapelt, geradezu gestapelt!

EISENRING Ja eben.

BIEDERMANN Was wollen Sie damit sagen?

EISENRING Der Sepp hat sich verrechnet . . . Zwölf auf
fünfzehn Meter! hast du gesagt, und dabei hat er keine
hundert Quadratmeter, dieser ganze Dachboden . . . Ich
kann meine Fässer nicht auf der Straße lassen, Herr
Biedermann, das werden Sie verstehen.

BIEDERMANN Nichts verstehe ich –

Schmitz zeigt eine Etikette.

SCHMITZ Hier, Herr Biedermann, hier ist die Etikette!

BIEDERMANN Ich bin sprachlos –

SCHMITZ Hier steht's, wo sie herkommen. Hier.

BIEDERMANN – einfach sprachlos.

Er betrachtet die Etikette.

Unten

Anna führt einen Polizisten in die Stube.

ANNA Ich werde ihn rufen.

Sie geht, und der Polizist wartet.

BIEDERMANN Benzin!? –

Unten

Anna kommt nochmals zurück.
ANNA Und worum handelt es sich, Herr Wachtmeister?
POLIZIST Geschäftlich.
Anna geht, und der Polizist wartet.

Oben

BIEDERMANN Ist das wahr, meine Herren, ist das wahr?
EISENRING Was?
BIEDERMANN Was auf dieser Etikette steht.
Er zeigt ihnen die Etikette.
Wofür halten Sie mich eigentlich? Das ist mir noch nicht
vorgekommen. Glauben Sie eigentlich, ich kann nicht
lesen?
Sie betrachten die Etikette.
Bitte! –
Er lacht, wie man über eine Unverschämtheit lacht.
Benzin!
Er spricht wie ein Untersuchungsrichter.
Was ist in diesen Fässern?
EISENRING Benzin.
BIEDERMANN Machen Sie keine Witze! Ich frage zum letz-
ten Mal, was in diesen Fässern ist. Sie wissen so gut wie
ich, daß Benzin nicht in den Dachboden gehört –
Er fährt mit dem Finger über ein Faß.
Bitte – da: riechen Sie selbst!

Er hält ihnen den Finger unter die Nase.
Ist das Benzin oder ist das kein Benzin?
Sie schnuppern und blicken einander an.
Antworten Sie!

EISENRING Es ist.

SCHMITZ Es ist.

BEIDE Eindeutig.

BIEDERMANN Sind Sie eigentlich wahnsinnig? Mein ganzer Dachboden voll Benzin –

SCHMITZ Drum, Herr Biedermann, rauchen wir auch nicht.

BIEDERMANN Und das, meine Herren, in dieser Zeit, wo man in jeder Zeitung, die man aufschlägt, gewarnt wird. Was denken Sie sich eigentlich? Meine Frau bekommt einen Schlag, wenn Sie das sieht.

EISENRING Siehst du!

BIEDERMANN Sagen Sie nicht immer: Siehst du!

EISENRING Das kannst du einer Frau nicht zumuten, Sepp, einer Hausfrau, ich kenne die Hausfrauen –
Anna ruft im Treppenhaus.

ANNA Herr Biedermann! Herr Biedermann!
Biedermann macht die Türe zu.

BIEDERMANN Herr Schmitz! Herr –

EISENRING Eisenring.

BIEDERMANN Wenn Sie diese Fässer nicht augenblicklich aus dem Hause schaffen, aber augenblicklich! sag ich –

EISENRING Dann rufen Sie die Polizei.

BIEDERMANN Ja.

SCHMITZ Siehst du!
Anna ruft im Treppenhaus.

ANNA Herr Biedermann!
Biedermann flüstert.

BIEDERMANN Das war mein letztes Wort!

EISENRING Welches?

BIEDERMANN Ich dulde kein Benzin in meinem Dach-
stock. Ein für allemal! Ich dulde es nicht.
Es klopft an die Tür.
Ich komme!
Er öffnet die Tür, um zu gehen, und eintritt ein Polizist.
POLIZIST Da sind Sie ja, Herr Biedermann, da sind Sie
ja. Sie brauchen nicht herunter zu kommen, ich will
nicht lange stören.
BIEDERMANN Guten Morgen!
POLIZIST Guten Morgen!
EISENRING Morgen . . .
SCHMITZ Morgen . . .
Schmitz und Eisenring verneigen sich.
POLIZIST Es handelt sich um einen Unfall –
BIEDERMANN Um Gottes willen!
POLIZIST Ein alter Mann, dessen Frau behauptet, er habe
bei Ihnen gearbeitet – als Erfinder! – hat sich heute
nacht unter den Gashahn gelegt.
Er sieht in seinem Notizbüchlein nach.
Knechtling, Johann, wohnhaft Roßgasse 11.
Er steckt das Büchlein ein.
Haben Sie einen solchen gekannt?
BIEDERMANN Ich –
POLIZIST Vielleicht ist's Ihnen lieber, Herr Biedermann,
wenn wir unter vier Augen –
BIEDERMANN Ja.
POLIZIST Geht ja die Angestellten nichts an!
BIEDERMANN Nein –
Er bleibt in der Tür stehen.
Wenn mich jemand sucht, meine Herren, ich bin bei der
Polizei. Verstanden? Ich komme sofort.
Schmitz und Eisenring nicken.
POLIZIST Herr Biedermann –
BIEDERMANN Gehen wir!

POLIZIST Was haben Sie denn in diesen Fässern da?

BIEDERMANN – ich?

POLIZIST Wenn man fragen darf.

BIEDERMANN ... Haarwasser ...

Er blickt zu Schmitz und Eisenring.

EISENRING Hormoflor.

SCHMITZ »Die Männerwelt atmet auf.«

EISENRING Hormoflor.

SCHMITZ »Versuchen Sie es noch heute.«

EISENRING »Sie werden es nicht bereuen.«

BEIDE Hormoflor, Hormoflor, Hormoflor.

Der Polizist lacht.

BIEDERMANN Ist er tot?

Biedermann und der Polizist gehen.

EISENRING Eine Seele von Mensch.

SCHMITZ Hab ich's nicht gesagt?

EISENRING Aber von Frühstück kein Wort.

SCHMITZ So war er noch nie ...

Eisenring greift in seine Hosentasche.

EISENRING Hast du die Zündkapsel?

Schmitz greift in seine Hosentasche.

SCHMITZ So war er noch nie ...

CHOR

Strahl der Sonne,
Wimper, o göttlichen Auges,
Aufleuchtet noch einmal
Tag
Über den traulichen Dächern der Stadt.

CHORFÜHRER

Heute wie gestern.

CHOR

Heil uns!

CHORFÜHRER

Nichts ist geschehen der schlafenden Stadt.

CHOR

Heil uns!

CHORFÜHRER

Immer noch nichts . . .

CHOR

Heil uns!
Man hört Verkehrslärm, Hupen, Straßenbahn.

CHORFÜHRER

Klug ist und Herr über manche Gefahr,
Wenn er bedenkt, was er sieht,
Der Mensch.
Aufmerkenden Geistes vernimmt er
Zeichen des Unheils
Zeitig genug, wenn er will.

CHOR

Was aber, wenn er nicht will?

CHORFÜHRER

Der, um zu wissen, was droht,
Zeitungen liest
Täglich zum Frühstück entrüstet
Über ein fernes Ereignis,
Täglich beliefert mit Deutung,
Die ihm das eigene Sinnen erspart,
Täglich erfahrend, was gestern geschah,
Schwerlich durchschaut er, was eben geschieht
Unter dem eigenen Dach: –

CHOR

Unveröffentlichtes!

CHORFÜHRER

Offenkundiges.

CHOR

Hanebüchenes!

CHORFÜHRER

Tatsächliches.

CHOR

Ungern durchschaut er's, denn sonst –
*Der Chorführer unterbricht mit einem Zeichen der
Hand.*

CHORFÜHRER

Hier kommt er.
Der Chor schwenkt die Front.

CHOR

Nichts ist geschehn der schlafenden Stadt,
Heute wie gestern,
Um zu vergessen, was droht,
Stürzt sich der Bürger
Sauber rasiert
In sein Geschäft . . .

Auftritt Biedermann in Mantel und Hut, Mappe im Arm.

BIEDERMANN Taxi!... Taxi?... Taxi!

Der Chor steht ihm im Weg.

Was ist los?

CHOR

Wehe!

BIEDERMANN Sie wünschen?

CHOR

Wehe!

BIEDERMANN Das sagten Sie schon.

CHOR

Dreimal Wehe!

BIEDERMANN Wieso?

CHORFÜHRER

Allzuverdächtiges, scheint uns,
Feuergefährliches hat sich enthüllt
Unseren Blicken wie deinen.
Wie soll ich's deuten? ·
Fässer voll Brennstoff im Dach –

Biedermann schreit.

BIEDERMANN Was geht das Sie an!

Schweigen

Lassen Sie mich durch. – Ich muß zu meinem Rechtsanwalt. – Was will man von mir? – Ich bin unschul-
dig...

Biedermann erscheint verängstigt.

Soll das ein Verhör sein?

Biedermann zeigt herrenhafte Sicherheit.

Lassen Sie mich durch, ja.

Der Chor steht reglos.

CHOR

Nimmer geziemt es dem Chor,
Richter zu sein über Bürger, die handeln.

CHORFÜHRER

Der nämlich zusieht von außen, der Chor,
Leichter begreift er, was droht.

CHOR

Fragend nur, höflich
Noch in Gefahr, die uns schreckt,
Warnend nur, ach kalten Schweißes gefaßt
Naht sich bekanntlich der Chor,
Ohnmächtig-wachsam, mitbürgerlich,
Bis es zum Löschen zu spät ist,
Feuerwehrgleich.

Biedermann blickt auf seine Armbanduhr.

BIEDERMANN Ich bin eilig.   *Ich bin in Eile*
                              ~ habe es eilig

CHOR

Wehe!

BIEDERMANN Ich weiß wirklich nicht, was Sie wünschen.

CHORFÜHRER

Daß du sie duldest, die Fässer voll Brennstoff,
Biedermann Gottlieb, wie hast du's gedeutet?

BIEDERMANN Gedeutet?

CHORFÜHRER

Wissend auch du, wie brennbar die Welt ist,
Biedermann Gottlieb, was hast du gedacht?

BIEDERMANN Gedacht?

Er mustert den Chor.

Meine Herren, ich bin ein freier Bürger. Ich kann denken, was ich will. Was sollen diese Fragen? Ich habe das
Recht, meine Herrn, überhaupt nichts zu denken – ganz
abgesehen davon, meine Herrn: Was unter meinem Dach
geschieht – ich muß schon sagen, schließlich und endlich
bin ich der Hauseigentümer! . . .

CHOR

Heilig sei Heiliges uns,
Eigentum,

Was auch entstehe daraus,
Nimmerzulöschendes einst,
Das uns dann alle versengt und verkohlt:
Heilig sei Heiliges uns!

BIEDERMANN Also. –

Schweigen

Warum lassen Sie mich nicht durch?

Schweigen

Man soll nicht immer das Schlimmste denken. Wo führt das hin! Ich will meine Ruhe und meinen Frieden haben, nichts weiter, und was die beiden Herren betrifft – ganz abgesehen davon, daß ich zurzeit andere Sorgen habe ...

Auftritt Babette in Mantel und Hut.

Was willst du hier?

BABETTE Stör ich?

BIEDERMANN Ich habe eine Besprechung mit dem Chor.

Babette nickt zum Chor, dann flüstert sie Biedermann ins Ohr.

BIEDERMANN Natürlich mit Schleife! Das spielt doch keine Rolle, was er kostet, Hauptsache, daß es ein Kranz ist.

Babette nickt zum Chor.

BABETTE Sie verzeihen, meine Herren. *Sie entfernt sich.*

BIEDERMANN ... kurz und gut, meine Herrn, ich habe es satt. Ihr mit euren Brandstiftern! Ich geh an keinen Stammtisch mehr, so satt hab ich's. Kann man eigentlich nichts andres mehr reden heutzutag? Schließlich lebe ich nur einmal. Wenn wir jeden Menschen, ausgenommen uns selbst, für einen Brandstifter halten, wie soll es jemals besser werden? Ein bißchen Vertrauen, Herrgottnochmal, muß man schon haben, ein bißchen guten Willen. Finde ich. Nicht immer nur das Böse sehen. Herrgottnochmal! Nicht jeder Mensch ist ein Brandstifter. Finde ich! Ein bißchen Vertrauen, ein bißchen ...

Pause

Ich kann nicht Angst haben die ganze Zeit!

Pause

Heute nacht, meinen Sie dénn, ich habe ein einziges Auge geschlossen? Ich bin ja nicht blöd. Benzin ist Benzin! Ich habe mir die allerschwersten Gedanken gemacht – auf den Tisch bin ich gestiegen, um zu horchen, und später sogar auf den Schrank, um mein Ohr an die Zimmerdecke zu legen. Jawohl! Geschnarcht haben sie. Geschnarcht! Mindestens vier Mal bin ich auf den Schrank gestiegen. Ganz friedlich geschnarcht!... Und trotzdem: – Einmal stand ich schon draußen im Treppenhaus, ob Sie's glauben oder nicht, im Pyjama – vor Wut. Ich war drauf und dran, die beiden Halunken zu wecken und auf die Straße zu werfen – mitsamt ihren Fässern! – eigenhändig, rücksichtslos, mitten in der Nacht!

CHOR

Eigenhändig?

BIEDERMANN Ja.

CHOR

Rücksichtslos?

BIEDERMANN Ja.

CHOR

Mitten in der Nacht?

BIEDERMANN Ich war drauf und dran, ja – wäre meine Frau nicht gekommen, die fürchtete, daß ich mich erkälte – drauf und dran!

Er nimmt sich eine Zigarre aus Verlegenheit.

CHORFÜHRER

Wie soll ich's abermals deuten?

Schlaflos verging ihm die Nacht.

Daß sie die Güte des Bürgers mißbrauchen,

Schien es ihm denkbar?

Argwohn befiehl ihn. Wieso?

Biedermann zündet seine Zigarre an.

CHOR

Schwer hat es, wahrlich, der Bürger!
Der nämlich, hart im Geschäft,
Sonst aber Seele von Mensch,
Gerne bereit ist,
Gutes zu tun.

CHORFÜHRER

Wo es ihm paßt.

CHOR

Hoffend, es komme das Gute
Aus Gutmütigkeiten,
Der nämlich irrt sich gefährlich.

BIEDERMANN Was wollen Sie damit sagen?

CHOR

Uns nämlich dünkte, es stinkt nach Benzin.

Biedermann schnuppert.

BIEDERMANN Also, meine Herren, ich rieche nichts . . .

CHOR

Weh uns!

BIEDERMANN Rein gar nichts.

CHOR

Weh uns!

CHORFÜHRER

So schon gewohnt ist er bösen Geruch.

CHOR

Weh uns!

BIEDERMANN Und kommen Sie nicht immer mit diesem
Defaitismus, meine Herrn, sagen Sie nicht immer: Weh
uns!

Man hört ein Auto hupen.

Taxi! – Taxi!

Man hört, wie ein Auto stoppt.

Sie entschuldigen.

Biedermann geht in Eile weg.

CHOR

Bürger – wohin!?
Man hört, wie ein Auto losfährt.

CHORFÜHRER

Was hat er vor, der Unselige, jetzt?
Ängstlich-verwegen, so schien mir, und bleich
Lief er davon,
Ängstlich-entschlossen: wozu?
Man hört, wie ein Auto hupt.

CHOR

So schon gewohnt ist er bösen Geruch!
Man hört das Hupen in der Ferne.
Weh uns!

CHORFÜHRER

Weh euch.
*Der Chor tritt zurück, ausgenommen der Chorführer,
der seine Pfeife nimmt.*

CHORFÜHRER

Der die Verwandlungen scheut
Mehr als das Unheil,
Was kann er tun
Wider das Unheil?
Er folgt dem Chor.

Dachboden

Eisenring ist allein und arbeitet, indem er Schnur von einem Haspel wickelt, und pfeift dazu: Lili Marlen. Er unterbricht sein Pfeifen, um den Zeigfinger zu nässen, und hält den Zeigfinger durch die Lukarne hinaus, um den Wind zu prüfen.

Stube

Eintritt Biedermann, gefolgt von Babette, er zieht seinen Mantel aus und wirft die Mappe hin, die Zigarre im Mund.

BIEDERMANN Tu, was ich dir sage.

BABETTE Eine Gans?

BIEDERMANN Eine Gans.

Er zieht die Krawatte aus, die Zigarre im Mund.

BABETTE Warum ziehst du die Krawatte aus, Gottlieb?

Er übergibt ihr die Krawatte.

BIEDERMANN Wenn ich sie anzeige, die beiden Gesellen, dann weiß ich, daß ich sie zu meinen Feinden mache. Was hast du davon! Ein Streichholz genügt, und unser Haus steht in Flammen. Was hast du davon? Wenn ich hinaufgehe und sie einlade – sofern sie meine Einladung annehmen . . .

BABETTE Dann?

BIEDERMANN Sind wir eben Freunde. –

Er zieht seine Jacke aus, übergibt sie seiner Frau und geht.

BABETTE Damit Sie's wissen, Anna: Sie haben dann heute abend keinen Ausgang. Wir haben Gesellschaft. Sie dekken den Tisch für vier Personen.

Dachboden

Eisenring singt Lili Marlen, dann klopft es an die Tür.
EISENRING Herein!
Er pfeift weiter, aber niemand tritt ein.
Herein!
Eintritt Biedermann, hemdärmelig, die Zigarre in der Hand.
Morgen, Herr Biedermann!
BIEDERMANN Sie gestatten?
EISENRING Wie haben Sie geschlafen?
BIEDERMANN Danke, miserabel.
EISENRING Ich auch. Wir haben Föhn . . .
Er arbeitet weiter mit Schnur und Haspel.
BIEDERMANN Ich möchte nicht stören.
EISENRING Aber bitte, Herr Biedermann, Sie sind hier zu Haus.
BIEDERMANN Ich möchte mich nicht aufdrängen . . .
Man hört Gurren der Tauben.
Wo ist denn unser Freund?
EISENRING Der Sepp? An der Arbeit, der faule Hund. Wollte nicht gehen ohne Frühstück! Ich hab ihn geschickt, um Holzwolle aufzutreiben.
BIEDERMANN Holzwolle –?
EISENRING Holzwolle trägt die Funken am weitesten.
Biedermann lacht höflich wie über einen schwachen Witz.
BIEDERMANN Was ich habe sagen wollen, Herr Eisenring –
EISENRING Sie wollen uns wieder hinausschmeißen?
BIEDERMANN Mitten in der Nacht (meine Schlafpillen sind

alle) ist es mir eingefallen: Sie haben ja hier oben, meine Herren, gar keine Toilette –

EISENRING Wir haben die Dachrinne.

BIEDERMANN Wie Sie wollen, meine Herren, wie Sie wollen. Es ging mir nur so durch den Kopf. Die ganze Nacht. Vielleicht möchten Sie sich waschen oder duschen. Benutzen Sie getrost mein Badzimmer! Ich habe Anna gesagt, sie soll Handtücher hinlegen.

Eisenring schüttelt den Kopf.

Warum schütteln Sie den Kopf?

EISENRING Wo hat er sie jetzt wieder hingelegt?

BIEDERMANN Was?

EISENRING Haben Sie irgendwo eine Zündkapsel gesehen? *Er sucht da und dort.*

Machen Sie sich keine Sorge, Herr Biedermann, wegen Badzimmer. Im Ernst. Im Gefängnis, wissen Sie, gab's auch kein Badzimmer.

BIEDERMANN Gefängnis?

EISENRING Hat Ihnen denn der Sepp nicht erzählt, daß ich aus dem Gefängnis komme?

BIEDERMANN Nein.

EISENRING Kein Wort?

BIEDERMANN Nein.

EISENRING Der erzählt alleweil nur von sich selbst. Gibt solche Leute! Schließlich was können wir dafür, daß er so eine tragische Jugend gehabt hat. Haben Sie, Herr Biedermann, eine tragische Jugend gehabt? Ich nicht! – ich hätte studieren können, Papa wollte, daß ich Jurist werde.

Er steht an der Lukarne und unterhält sich mit den Tauben:

Grrr! Grrr! Grrr!

Biedermann zündet wieder seine Zigarre an.

BIEDERMANN Herr Eisenring, ich habe die ganze Nacht

nicht geschlafen, offengesprochen: – ist wirklich Benzin in diesen Fässern?

EISENRING Sie trauen uns nicht?

BIEDERMANN Ich frag ja nur.

EISENRING Wofür halten Sie uns, Herr Biedermann, offen gesprochen: wofür eigentlich?

BIEDERMANN Sie müssen nicht denken, mein Freund, daß ich keinen Humor habe, aber ihr habt eine Art zu scherzen, ich muß schon sagen. –

EISENRING Wir lernen das.

BIEDERMANN Was?

EISENRING Scherz ist die drittbeste Tarnung. Die zweitbeste: Sentimentalität. Was unser Sepp so erzählt: Kindheit bei Köhlern im Wald, Waisenhaus, Zirkus und so. Aber die beste und sicherste Tarnung (finde ich) ist immer noch die blanke und nackte Wahrheit. Komischerweise. Die glaubt niemand.

Stube

Anna führt die schwarze Witwe Knechtling herein.
ANNA Nehmen Sie Platz!
Die Witwe setzt sich.
Aber wenn Sie die Frau Knechtling sind, dann hat's keinen Zweck, Herr Biedermann möchte nichts mit Ihnen zu tun haben, hat er gesagt –
Die Witwe erhebt sich.
Nehmen Sie Platz!
Die Witwe setzt sich.
Aber machen Sie sich keine Hoffnung . . .
Anna geht hinaus.

Eisenring steht und hantiert, Biedermann steht und raucht.

EISENRING Wo unser Sepp nur so lange bleibt! Holzwolle ist doch keine Sache. Hoffentlich haben sie ihn nicht geschnappt.

BIEDERMANN Geschnappt?

EISENRING Warum belustigt Sie das?

BIEDERMANN Wenn Sie so reden, wissen Sie, Herr Eisenring, Sie kommen für mich wie aus einer andern Welt! Geschnappt! Ich finde es ja faszinierend. Wie aus einer andern Welt! In unseren Kreisen, wissen Sie, wird selten jemand geschnappt –

EISENRING Weil man in Ihren Kreisen keine Holzwolle stiehlt, das ist klar, Herr Biedermann, das ist der Klassenunterschied.

BIEDERMANN Unsinn!

EISENRING Sie wollen doch nicht sagen, Herr Biedermann –

BIEDERMANN Ich glaube nicht an Klassenunterschiede! – das müssen Sie doch gespürt haben, Eisenring, ich bin nicht altmodisch. Im Gegenteil. Ich bedaure es aufrichtig, daß man gerade in den unteren Klassen immer noch von Klassenunterschied schwatzt. Sind wir denn heutzutage nicht alle, ob arm oder reich, Geschöpfe eines gleichen Schöpfers? Auch der Mittelstand. Sind wir, Sie und ich, nicht Menschen aus Fleisch und Blut? ... Ich weiß nicht, mein Herr, ob Sie auch Zigarren rauchen?

Er bietet an, aber Eisenring schüttelt den Kopf.

Ich rede nicht für Gleichmacherei, versteht sich, es wird immer Tüchtige und Untüchtige geben, Gott sei Dank, aber warum reichen wir uns nicht einfach die Hand? Ein bißchen guten Willen, Herrgottnochmal, ein bißchen Idealismus, ein bißchen – und wir alle hätten unsere Ruhe und unseren Frieden, die Armen und die Reichen, meinen Sie nicht?

EISENRING Wenn ich offen sein darf, Herr Biedermann: –

BIEDERMANN Ich bitte drum.

EISENRING Nehmen Sie's nicht krumm?

BIEDERMANN Je offener, umso besser.

EISENRING Ich meine: – offengesprochen: – Sie sollten hier nicht rauchen.

Biedermann erschrickt und löscht die Zigarre.

Ich habe Ihnen hier keine Vorschriften zu machen, Herr Biedermann, schließlich und endlich ist es Ihr eignes Haus, aber Sie verstehen –

BIEDERMANN Selbstverständlich!

Eisenring bückt sich.

EISENRING Da liegt sie ja!

Er nimmt etwas vom Boden und bläst es sauber, bevor er es an der Schnur befestigt, neuerdings pfeifend: Lili Marlen.

BIEDERMANN Sagen Sie, Herr Eisenring: Was machen Sie eigentlich die ganze Zeit? Wenn ich fragen darf. Was ist das eigentlich?

EISENRING Die Zündkapsel.

BIEDERMANN –?

EISENRING Und das ist die Zündschnur.

BIEDERMANN –?

EISENRING Es soll jetzt noch bessere geben, sagt der Sepp, neuerdings. Aber die haben sie noch nicht in den Zeughäusern, und kaufen kommt für uns ja nicht in Frage. Alles was mit Krieg zu tun hat, ist furchtbar teuer, immer nur erste Qualität.

BIEDERMANN Zündschnur? sagen Sie.

EISENRING Knallzündschnur.

Er gibt Biedermann das Ende der Schnur.

Wenn Sie so freundlich sein möchten, Herr Biedermann, dieses Ende zu halten, damit ich messen kann.
Biedermann hält die Schnur.

BIEDERMANN Spaß beiseite, mein Freund –

EISENRING Nur einen Augenblick!
Er pfeift Lili Marlen und mißt die Zündschnur.
Danke, Herr Biedermann, danke sehr!
Biedermann muß plötzlich lachen.

BIEDERMANN Nein, Willi, mich können Sie nicht ins Bockshorn jagen. Mich nicht! Aber ich muß schon sagen, Sie verlassen sich sehr auf den Humor der Leute. Sehr! Wenn Sie so reden, kann ich mir schon vorstellen, daß man Sie ab und zu verhaftet. Nicht alle, mein Freund, nicht alle haben soviel Humor wie ich!

EISENRING Man muß die Richtigen finden.

BIEDERMANN An meinem Stammtisch zum Beispiel, die sehen schon Sodom und Gomorra, wenn man nur sagt, man glaube an das Gute in den Menschen.

EISENRING Ha.

BIEDERMANN Und dabei habe ich unsrer Feuerwehr eine Summe gestiftet, die ich gar nicht nennen will.

EISENRING Ha.
Er legt die Zündschnur aus.
Die Leute, die keinen Humor haben, sind genau so verloren, wenn's losgeht; seien Sie getrost!
Biedermann muß sich auf ein Faß setzen, Schweiß.
Was ist denn? Herr Biedermann? Sie sind ja ganz bleich!
Er klopft ihm auf die Schulter.
Das ist dieser Geruch, ich weiß, wenn's einer nicht gewohnt ist, dieser Benzingeruch, ich werde noch ein Fensterchen öffnen –
Eisenring öffnet die Tür.

BIEDERMANN Danke ...
Anna ruft im Treppenhaus.

ANNA Herr Biedermann! Herr Biedermann!

EISENRING Schon wieder die Polizei?

ANNA Herr Biedermann!

EISENRING Wenn das kein Polizeistaat ist.

ANNA Herr Biedermann –

BIEDERMANN Ich komme!

Es wird nur noch geflüstert.

Herr Eisenring, mögen Sie Gans?

EISENRING Gans?

BIEDERMANN Gans, ja, Gans.

EISENRING Mögen? Ich? Wieso?

BIEDERMANN Gefüllt mit Kastanien.

EISENRING Und Rotkraut dazu?

BIEDERMANN Ja ... Was ich nämlich habe sagen wollen:
Meine Frau und ich, vor allem ich – ich dachte nur:
Wenn es Ihnen Freude macht ... Ich will mich nicht
aufdrängen! – wenn es Ihnen Freude macht, Herr Eisenring, zu einem netten Abendessen zu kommen, Sie
und der Sepp –

EISENRING Heute?

BIEDERMANN Oder lieber morgen?

EISENRING Morgen, glaub ich, sind wir nicht mehr da.
Aber heute mit Vergnügen, Herr Biedermann, mit Vergnügen!

BIEDERMANN Sagen wir: Sieben Uhr.

Anna ruft im Treppenhaus.

ANNA Herr Biedermann!

Er gibt die Hand.

BIEDERMANN Abgemacht?

EISENRING Abgemacht.

*Biedermann geht und bleibt in der Türe nochmals stehen,
freundlich nickend, während er einen stieren Blick auf
Fässer und Zündschnur wirft.*

Abgemacht!

*Biedermann geht, und Eisenring arbeitet weiter, indem
er pfeift. Vortritt der Chor, als wäre die Szene zu Ende;
aber im Augenblick, wo der Chor sich an der Rampe
versammelt hat, gibt es Lärm auf dem Dachboden;
irgend etwas ist umgefallen.*

Dachboden

EISENRING Du kannst rauskommen, Doktor.
*Ein Dritter kriecht zwischen den Fässern hervor, Bril-
lenträger.*
Du hast's gehört: Wir müssen zu einem Nachtessen, der
Sepp und ich, du machst die Wache hier. Daß keiner
hereinkommt und raucht. Verstanden? Bevor's Zeit ist.
Der Dritte putzt seine Brille.
Ich frag mich manchmal, Doktor, was du eigentlich
machst bei uns, wenn du keine Freude hast an Feuers-
brünsten, an Funken und prasselnden Flammen, an Si-
renen, die immer zu spät sind, an Hundegebell und
Rauch und Menschengeschrei – und Asche.
*Der Dritte setzt seine Brille auf; stumm und ernst. Ei-
senring lacht.*
Weltverbesserer!
*Er pfeift eine kurze Weile vor sich hin, ohne den Doktor
anzusehen.*
Ich mag euch Akademiker nicht, aber das weißt du,
Doktor, das sagte ich dir sofort: 's ist keine rechte Freude
dabei, euresgleichen ist immer so ideologisch, immer so
ernst, bis es reicht zum Verrat – 's ist keine rechte Freude
dabei.
Er hantiert weiter und pfeift weiter.

CHOR
Wir sind bereit.
Sorgsam gerollt sind die Schläuche, die roten,
Alles laut Vorschrift,
Blank ist und sorgsam geschmiert und aus Messing
Jeglicher Haspel.
Jedermann weiß, was zu tun ist.

CHORFÜHRER
Leider herrscht Föhn –

CHOR
Jedermann weiß, was zu tun ist,
Blank auch und sorgsam geprüft,
Daß es an Druck uns nicht fehle,
Ist unsere Pumpe,
Gleichfalls aus Messing.

CHORFÜHRER
Und die Hydranten?

CHOR
Jedermann weiß, was zu tun ist.

CHORFÜHRER
Wir sind bereit. –
*Es kommen Babette, eine Gans in der Hand, und der
Dr. phil.*

BABETTE Ja, Herr Doktor, ja, ich weiß, aber mein
Mann, ja, es ist dringend, Herr Doktor, es ist dringend,
ja, ich werde es ihm sagen –

Sie läßt den Doktor stehen und tritt an die Rampe.

Mein Mann hat eine Gans bestellt, bitte, da ist sie. Und ich soll sie braten! Damit wir Freunde werden mit denen da oben.

Man hört Kirchenglockengeläute.

Es ist Samstagabend, wie Sie hören, und ich werde so eine dumme Ahnung nicht los: daß sie vielleicht zum letzten Mal so läuten, die Glocken unsrer Stadt . . .

Biedermann ruft nach Babette.

Ich weiß nicht, meine Damen, ob Gottlieb immer recht hat. Das hat er nämlich schon einmal gesagt: Natürlich sind's Halunken, aber wenn ich sie zu meinen Feinden mache, Babette, dann ist unser Haarwasser hin! Und kaum war er in der Partei –

Biedermann ruft nach Babette.

Immer das gleiche! Ich kenne meinen Gottlieb. Immer wieder ist er zu gutmütig, ach, einfach zu gutmütig!

Babette geht mit der Gans.

CHOR

Einer mit Brille.
Sohn wohl aus besserem Haus,
Neidlos,
Aber belesen, so scheint mir, und bleich,
Nimmermehr hoffend, es komme das Gute
Aus Gutmütigkeit,
Sondern entschlossen zu jedweder Tat,
Nämlich es heiligt die Mittel (so hofft er) der Zweck,
Ach,
Hoffend auch er . . . bieder-unbieder!
Putzend die Brille, um Weitsicht zu haben,
Sieht er in Fässern voll Brennstoff
Nicht Brennstoff –
Er nämlich sieht die Idee!
Bis es brennt.

61

DR. PHIL.

Guten Abend ...

CHORFÜHRER

An die Schläuche!

An die Pumpe!

An die Leiter!

Die Feuerwehrmänner rennen an ihre Plätze.

CHORFÜHRER

Guten Abend.

Zum Publikum; nachdem man Bereit-Rufe von überall gehört hat.

Wir sind bereit. –

Stube

Die Witwe Knechtling ist noch immer da, sie steht. Man hört das Glockengeläute sehr laut. Anna deckt den Tisch, und Biedermann bringt zwei Sessel.

BIEDERMANN – weil ich, wie Sie sehen, keine Zeit habe, Frau Knechtling, keine Zeit, um mich mit Toten zu befassen – wie gesagt: Wenden Sie sich an meinen Rechtsanwalt.

Die Witwe Knechtling geht.

Man hört ja seine eigne Stimme nicht, Anna, machen Sie das Fenster zu!

Anna macht das Fenster zu, und das Geläute tönt leiser.

Ich habe gesagt: Ein schlichtes und gemütliches Abendessen. Was sollen diese idiotischen Kandelaber!

ANNA Haben wir aber immer, Herr Biedermann.

BIEDERMANN Schlicht und gemütlich, sag ich. Nur keine Protzerei! – und diese Wasserschalen, verdammt nochmal! diese Messerbänklein, Silber, nichts als Silber und Kristall. Was macht das für einen Eindruck!

Er sammelt die Messerbänklein und steckt sie in die Hosentasche.

Sie sehen doch, Anna, ich trage meine älteste Hausjacke, und Sie – Das große Geflügelmesser können Sie lassen, Anna, das brauchen wir. Aber sonst: Weg mit diesem Silber! Die beiden Herren sollen sich wie zu Haus fühlen ... Wo ist der Korkenzieher?

ANNA Hier.

BIEDERMANN Haben wir nichts Einfacheres?

ANNA In der Küche, aber der ist rostig.

BIEDERMANN Her damit!

Er nimmt einen Silberkübel vom Tisch:

Was soll denn das?

ANNA Für den Wein –

BIEDERMANN Silber!

Er starrt auf den Kübel und dann auf Anna.

Haben wir das immer?

ANNA Das braucht man doch, Herr Biedermann.

BIEDERMANN Brauchen! Was heißt brauchen? Was wir brauchen, das ist Menschlichkeit, Brüderlichkeit. Weg damit! – und was, zum Teufel, bringen Sie denn da?

ANNA Servietten.

BIEDERMANN Damast!

ANNA Wir haben keine andern.

Er sammelt die Servietten und steckt sie in den Silberkübel.

BIEDERMANN Es gibt ganze Völkerstämme, die ohne Servietten leben, Menschen wie wir –

Eintritt Babette mit einem großen Kranz, Biedermann bemerkt sie noch nicht, er steht vor dem Tisch:

Ich frage mich, wozu wir überhaupt ein Tischtuch brauchen –

BABETTE Gottlieb?

BIEDERMANN Nur keine Klassenunterschiede!

Er sieht Babette.

Was soll dieser Kranz?

BABETTE Den wir bestellt haben. Was sagst du dazu, Gottlieb, jetzt schicken sie den Kranz hierher. Dabei habe ich ihnen selber die Adresse geschrieben, die Adresse von Knechtlings, schwarz auf weiß. Und die Schleife und alles ist verkehrt!

BIEDERMANN Die Schleife, wieso?

BABETTE Und die Rechnung, sagt der Bursche, die haben sie an die Frau Knechtling geschickt.

Sie zeigt die Schleife.

UNSEREM UNVERGESSLICHEN GOTTLIEB BIEDERMANN.

Er betrachtet die Schleife.

BIEDERMANN Das nehmen wir nicht an. Kommt nicht in Frage! Das müssen sie ändern –

Er geht zum Tisch zurück.

Mach mich jetzt nicht vervös, Babette, ich habe anderes zu tun, Herrgottnochmal, ich kann nicht überall sein.

Babette geht mit dem Kranz.

Also weg mit dem Tischtuch! Helfen Sie mir doch, Anna. Und wie gesagt: Es wird nicht serviert. Unter keinen Umständen! Sie kommen herein, ohne zu klopfen, einfach herein und stellen die Pfanne einfach auf den Tisch –

ANNA Die Pfanne?

Er nimmt das Tischtuch weg.

BIEDERMANN Sofort eine ganz andere Stimmung. Sehn Sie! Ein hölzerner Tisch, nichts weiter, wie beim Abendmahl.

Er gibt ihr das Tischtuch.

ANNA Herr Biedermann meinen, ich soll die Gans einfach in der Pfanne bringen?

Sie faltet das Tischtuch zusammen.

Was für einen Wein, Herr Biedermann, soll ich denn holen?

BIEDERMANN Ich hole ihn selbst.

ANNA Herr Biedermann!

BIEDERMANN Was denn noch?

ANNA Ich hab aber keinen solchen Pullover, wie Sie sagen, Herr Biedermann, so einen schlichten, daß man meint, ich gehöre zur Familie.

BIEDERMANN Nehmen Sie's bei meiner Frau!

ANNA Den gelben oder den roten?

BIEDERMANN Nur keine Umstände! Ich will kein Häubchen sehen und kein Schürzchen. Verstanden? Und wie gesagt: Weg mit diesen Kandelabern! Und überhaupt: Sehen Sie zu, Anna, daß hier nicht alles so ordentlich ist! . . . Ich bin im Keller.

Biedermann geht hinaus.

ANNA »Sehen Sie zu, daß hier nicht alles so ordentlich ist!«

Sie schleudert das Tischtuch, nachdem es zusammengefaltet ist, in irgendeine Ecke und tritt mit beiden Füßen drauf.

ANNA Bitte sehr.

Eintreten Schmitz und Eisenring, jeder mit einer Rose in der Hand.

BEIDE Guten Abend, Fräulein!

Anna geht hinaus, ohne die beiden anzublicken.

EISENRING Wieso keine Holzwolle?

SCHMITZ Beschlagnahmt. Polizeilich. Vorsichtsmaßnahme. Wer Holzwolle verkauft oder besitzt, ohne eine polizeiliche Genehmigung zu haben, wird verhaftet. Vorsichtsmaßnahme im ganzen Land . . .

Er kämmt sich die Haare.

EISENRING Hast du noch Streichhölzchen?

SCHMITZ Ich nicht.

EISENRING Ich auch nicht.

Schmitz bläst seinen Kamm aus.

SCHMITZ Müssen ihn darum bitten.

EISENRING Biedermann?

SCHMITZ Aber nicht vergessen.

Er steckt den Kamm ein und schnuppert.

Mh, wie das schon duftet! . . .

Biedermann tritt an die Rampe, Flaschen im Arm.

BIEDERMANN Sie können über mich denken, meine Herren,
wie Sie wollen. Aber antworten Sie mir auf eine Frage: –
Man hört Grölen und Lachen.
Ich sag mir: Solange sie grölen und saufen, tun sie nichts
anderes . . . Die besten Flaschen aus meinem Keller, hätte
es mir einer vor einer Woche gesagt – Hand aufs Herz:
Seit wann (genau) wissen Sie, meine Herren, daß es
Brandstifter sind? Es kommt eben nicht so, meine Her-
ren, wie Sie meinen – sondern langsam und plötzlich . . .
Verdacht! Das hatte ich sofort, meine Herren, Verdacht
hat man immer – aber Hand aufs Herz, meine Herrn:
Was hätten Sie denn getan, Herrgottnochmal, an mei-
ner Stelle? Und wann?
Er horcht, und es ist still.
Ich muß hinauf!
Er entfernt sich geschwind.

Stube

*Das Gansessen ist im vollen Gang, Gelächter, vor allem
Biedermann (noch mit den Flaschen im Arm) kann sich
von dem Witz, der gefallen ist, nicht mehr erholen; nur
Babette lacht durchaus nicht.*

BIEDERMANN Putzfäden! Hast du das wieder gehört?
Putzfäden, sagt er, Putzfäden brennen noch besser!

BABETTE Wieso ist das ein Witz?

BIEDERMANN Putzfäden! – weißt du, was Putzfäden sind?

BABETTE Ja.

BIEDERMANN Du hast keinen Humor, Babettchen.
Er stellt die Flasche auf den Tisch.
Was soll man machen, meine Freunde, wenn jemand
einfach keinen Humor hat?

BABETTE So erkläre es mir doch.

BIEDERMANN Also! – heute morgen sagt der Willi, er hätte
den Sepp geschickt, um Holzwolle zu stehlen. Holzwolle, das verstehst du? Und jetzt frage ich den Sepp:
Was macht denn die Holzwolle? worauf er sagt: Holzwolle habe er nicht auftreiben können, aber Putzfäden.
Verstehst du? Und Willi sagt: Putzfäden brennen noch
viel besser!

BABETTE Das habe ich verstanden.

BIEDERMANN Ja? Hast du verstanden?

BABETTE Und was ist der Witz dran?
Biedermann gibt es auf.

BIEDERMANN Trinken wir, meine Herren!
Biedermann entkorkt die Flasche.

BABETTE Ist das denn wahr, Herr Schmitz, Sie haben Putzfäden auf unseren Dachboden gebracht?

BIEDERMANN Du wirst lachen, Babette, heute vormittag
haben wir zusammen sogar die Zündschnur gemessen,
der Willi und ich.

BABETTE Zündschnur?

BIEDERMANN Knallzündschnur!

Er füllt die Gläser.

BABETTE Jetzt aber im Ernst, meine Herren, was soll das
alles?

Biedermann lacht.

BIEDERMANN Im Ernst! sagt sie. Im Ernst! Hören Sie das?
Im Ernst! ... Laß dich nicht foppen, Babette, ich hab's
dir gesagt, unsere Freunde haben eine Art zu scherzen –
andere Kreise, andere Witze! sag ich immer ... Es fehlt
jetzt nur noch, daß sie mich um Streichhölzchen bitten!

Schmitz und Eisenring geben einander einen Blick.

Nämlich die beiden Herren halten mich immer noch
für einen ängstlichen Spießer, der keinen Humor hat,
weißt du, den man ins Bockshorn jagen kann –

Er hebt sein Glas.

Prost!

EISENRING Prost!

SCHMITZ Prost!

Sie stoßen an.

BIEDERMANN Auf unsere Freundschaft.

Sie trinken und setzen sich wieder.

In unserem Haus wird nicht serviert, meine Herren,
Sie greifen einfach zu.

SCHMITZ Aber ich kann nicht mehr.

EISENRING Zier dich nicht. Du bist nicht im Waisenhaus,
Sepp, zier dich nicht.

Er bedient sich mit Gans.

Ihre Gans, Madame, ist Klasse.

BABETTE Das freut mich.

EISENRING Gans und Pommard! – dazu gehörte eigentlich bloß noch ein Tischtuch.

BABETTE Hörst du's Gottlieb?

EISENRING Es muß aber nicht sein! – so ein weißes Tischtuch, wissen Sie, Damast mit Silber drauf.

BIEDERMANN Anna!

EISENRING Damast mit Blumen drin, aber weiß, wissen Sie, wie Eisblumen! – es muß aber nicht sein, Herr Biedermann, es muß aber nicht sein. Im Gefängnis haben wir auch kein Tischtuch gehabt.

BIEDERMANN Anna!

BABETTE Im Gefängnis –?

BIEDERMANN Wo ist sie denn?

BABETTE Sie sind im Gefängnis gewesen?

Anna kommt; sie trägt einen knallroten Pullover.

BIEDERMANN Anna, bringen Sie sofort ein Tischtuch!

ANNA Sehr wohl. –

EISENRING Und wenn Sie so etwas wie Fingerschalen haben –

ANNA Sehr wohl. –

EISENRING Sie finden es vielleicht kindisch, Madame, aber so sind halt die Leute aus dem Volk. Sepp zum Beispiel, der bei den Köhlern aufgewachsen ist und noch nie ein Messerbänklein gesehen hat, sehen Sie, es ist nun einmal der Traum seines verpfuschten Lebens: – so eine Tafel mit Silber und Kristall!

BABETTE Gottlieb, das haben wir doch alles.

EISENRING Aber es muß nicht sein.

ANNA Bitte sehr.

EISENRING Und wenn Sie schon Servietten haben, Fräulein: Her damit!

ANNA Herr Biedermann hat gesagt –

BIEDERMANN Her damit!

ANNA Bitte sehr.

Anna bringt alles wieder herbei.

EISENRING Sie nehmen es hoffentlich nicht krumm, Madame. Wenn man aus dem Gefängnis kommt, wissen Sie, Monate lang ohne Kultur –

Er nimmt das Tischtuch und zeigt es Schmitz.

Weißt du, was das ist?

Hinüber zu Babette.

Hat er noch nie gesehen!

Wieder zurück zu Schmitz.

Das ist Damast.

SCHMITZ Und jetzt? Was soll ich damit?

Eisenring bindet ihm das Tischtuch um den Hals.

EISENRING So. –

Biedermann versucht es lustig zu finden und lacht.

BABETTE Und wo sind denn unsere Messerbänklein, Anna, unsere Messerbänklein?

ANNA Herr Biedermann –

BIEDERMANN Her damit!

ANNA Sie haben gesagt: Weg damit.

BIEDERMANN Her damit! sag ich. Wo sind sie denn, Herrgottnochmal?

ANNA In Ihrer linken Hosentasche.

Biedermann greift in die Hosentasche und findet sie.

EISENRING Nur keine Aufregung.

ANNA Ich kann doch nichts dafür!

EISENRING Nur keine Aufregung, Fräulein –

Anna bricht in Heulen aus, dreht sich und läuft weg.

EISENRING Das ist der Föhn.

Pause

BIEDERMANN Trinken Sie, meine Freunde, trinken Sie!

Sie trinken und schweigen.

EISENRING Gans habe ich jeden Tag gegessen, wissen Sie, als Kellner. Wenn man so durch die langen Korridore

flitzt, die Platte auf der flachen Hand. Aber dann, Madame, wo putzt unsereiner die Finger ab? Das ist es. Wo anders als an den eignen Haaren? – während andere Menschen eine kristallene Wasserschale dafür haben! Das ist's, was ich nie vergessen werde.
Er taucht seine Finger in die Fingerschale.
Wissen Sie, was ein Trauma ist?

BIEDERMANN Nein.

EISENRING Haben sie mir im Gefängnis alles erklärt ...
Er trocknet seine Finger ab.

BABETTE Und wieso, Herr Eisenring, sind Sie denn ins Gefängnis gekommen?

BIEDERMANN Babette!

EISENRING Wieso ich ins Gefängnis gekommen bin?

BIEDERMANN Das fragt man doch nicht!

EISENRING Ich frage mich selbst ... Ich war ein Kellner, wie gesagt, ein kleiner Oberkellner, und plötzlich verwechselten sie mich mit einem großen Brandstifter.

BIEDERMANN Hm.

EISENRING Verhaften mich in meiner Wohnung.

BIEDERMANN Hm.

EISENRING Ich war so erstaunt, daß ich drauf einging.

BIEDERMANN Hm.

EISENRING Ich hatte Glück, Madame, ich hatte sieben ausgesprochen reizende Polizisten. Als ich sagte, ich müsse an meine Arbeit und hätte keine Zeit, sagten sie: Ihr Etablissement ist niedergebrannt.

BIEDERMANN Niedergebrannt?

EISENRING So über Nacht, scheint es, ja.

BABETTE Niedergebrannt?

EISENRING Schön! sagte ich: Dann hab ich Zeit. Es war nur noch ein rauchendes Gebälk, unser Etablissement, ich sah es im Vorbeifahren, wissen Sie, durch dieses kleine Gitterfenster aus dem Gefängniswagen.

Er trinkt kennerhaft.

BIEDERMANN Und dann?

Eisenring betrachtet die Etikette.

EISENRING Den hatten wir auch: Neunundvierziger! Cave de l'Echannon ... Und dann? Das muß Ihnen der Sepp erzählen. Als ich so im Vorzimmer sitze und mit den Handschellen spiele, sage und schreibe, wer wird da hereingeführt? – der da!

Schmitz strahlt.

Prost, Sepp!

SCHMITZ Prost, Willi!

Sie trinken.

BIEDERMANN Und dann?

SCHMITZ Sind Sie der Brandstifter? fragt man ihn und bietet Zigaretten an. Entschuldigen Sie! sagt er: Streichhölzer habe ich leider nicht, Herr Kommissar, obschon Sie mich für einen Brandstifter halten –

Sie lachen dröhnend und hauen sich auf die Schenkel.

BIEDERMANN Hm. –

Anna ist eingetreten, sie trägt wieder Häubchen und Schürzchen, sie überreicht eine Visitenkarte, die Biedermann sich ansieht.

ANNA Es ist dringend, sagt er.

BIEDERMANN Wenn ich aber Gäste habe –

Schmitz und Eisenring stoßen wieder an.

SCHMITZ Prost, Willi!

EISENRING Prost, Sepp!

Sie trinken, Biedermann betrachtet die Visitenkarte.

BABETTE Wer ist es denn, Gottlieb?

BIEDERMANN Dieser Dr. phil. ...

Anna betätigt sich beim Schrank.

EISENRING Und was ist denn das andere dort, Fräulein, das Silberne dort?

ANNA Die Kandelaber?

EISENRING Warum verstecken Sie das?

BIEDERMANN Her damit!

ANNA Herr Biedermann haben selbst gesagt –

BIEDERMANN Her damit! sag ich.

Anna stellt die Kandelaber auf den Tisch.

EISENRING Sepp, was sagst du dazu? Haben sie Kandelaber und verstecken sie! Was willst du noch? Silber mit
Kerzen drauf . . . Hast du Streichhölzer?

Er greift in seine Hosentasche.

SCHMITZ Ich? Nein.

Er greift in seine Hosentasche.

EISENRING Leider haben wir gar keine Streichhölzer, Herr
Biedermann, tatsächlich.

BIEDERMANN Ich habe.

EISENRING Geben Sie her!

BIEDERMANN Ich mach es schon. Lassen Sie nur! Ich mach
es schon. *Er zündet die Kerzen an.*

BABETTE Was will denn der Herr?

ANNA Ich versteh ihn nicht, Madame, er kann nicht länger
schweigen, sagt er und wartet im Treppenhaus.

BABETTE Unter vier Augen? sagt er.

ANNA Ja, und dann will er immer etwas enthüllen.

BABETTE Was?

ANNA Das versteh ich nicht, Madame, und wenn er's mir
hundertmal sagt; er sagt: er möchte sich distanzieren . . .
Es leuchten viele Kerzen.

EISENRING Macht doch sofort einen ganz anderen Eindruck, finden Sie nicht, Madame? Candle-light.

BABETTE Ach ja.

EISENRING Ich bin für Stimmung.

BIEDERMANN Sehen Sie, Herr Eisenring, das freut mich . . .
Es sind alle Kerzen angezündet.

EISENRING Schmitz, schmatze nicht!

Babette nimmt Eisenring zur Seite.

BABETTE Lassen Sie ihn doch!

EISENRING Er hat kein Benehmen, Madame, ich bitte um
Entschuldigung; es ist mir furchtbar. Woher soll er's
haben! Von der Köhlerhütte zum Waisenhaus –

BABETTE Ich weiß!

EISENRING Vom Waisenhaus zum Zirkus –

BABETTE Ich weiß!

EISENRING Vom Zirkus zum Theater.

BABETTE Das habe ich nicht gewußt, nein –

EISENRING Schicksale, Madame, Schicksale!

Babette wendet sich an Schmitz.

BABETTE Beim Theater sind Sie auch gewesen?

Schmitz nagt ein Gansbein und nickt.

Wo denn?

SCHMITZ Hinten.

EISENRING Dabei ist er begabt – Sepp als Geist, haben Sie
das schon erlebt?

SCHMITZ Aber nicht jetzt!

EISENRING Wieso nicht?

SCHMITZ Ich war nur eine Woche beim Theater, Madame,
dann ist es niedergebrannt –

BABETTE Niedergebrannt?

EISENRING Zier dich nicht!

BIEDERMANN Niedergebrannt?

EISENRING Zier dich nicht!

*Er löst das Tischtuch, das Schmitz als Serviette getragen
hat, und wirft es dem Schmitz über den Kopf.*
Los!
Schmitz, verhüllt mit dem weißen Tischtuch, erhebt sich.
Bitte. Sieht er nicht aus wie ein Geist?

ANNA Ich hab aber Angst.

EISENRING Mädelchen!

*Er nimmt Anna in seinen Arm, sie hält die Hände vors
Gesicht.*

SCHMITZ »Können wir?«

EISENRING Das ist Theatersprache, Madame, das hat er auf den Proben gelernt in einer einzigen Woche, bevor es niedergebrannt ist, erstaunlicherweise.

BABETTE Reden Sie doch nicht immer von Bränden!

SCHMITZ »Können wir?«

EISENRING Bereit. –

Alle sitzen, Eisenring hält Anna an seiner Brust.

SCHMITZ

JEDERMANN! JEDERMANN!

BABETTE Gottlieb –?

BIEDERMANN Still!

BABETTE Das haben wir in Salzburg gesehen.

SCHMITZ

BIEDERMANN! BIEDERMANN!

EISENRING Ich find's großartig, wie er das macht.

SCHMITZ

BIEDERMANN! BIEDERMANN!

EISENRING Sie müssen fragen, wer bist du?

BIEDERMANN Ich?

EISENRING Sonst wird er seinen Text nicht los.

SCHMITZ

JEDERMANN! BIEDERMANN!

BIEDERMANN Also: – wer bin ich?

BABETTE Nein! Du mußt doch fragen, wer er ist.

BIEDERMANN Ah so.

SCHMITZ

HÖRT IHR MICH NICHT?

EISENRING Nein, Sepp, nochmals von Anfang an!

Sie nehmen eine andere Stellung ein.

SCHMITZ

JEDERMANN! BIEDERMANN!

BABETTE Bist du – zum Beispiel – der Tod?

BIEDERMANN Quatsch!

BABETTE Was kann er denn sonst sein?

BIEDERMANN Du mußt fragen: Wer bist du? Er kann auch
der Geist von Hamlet sein. Oder der Steinerne Gast,
weißt du. Oder dieser Dingsda, wie heißt er schon: der
Mitarbeiter vom Macbeth . . .

SCHMITZ
WER RUFT MICH?

EISENRING Weiter.

SCHMITZ
BIEDERMANN GOTTLIEB!

BABETTE Frag du ihn doch, er spricht zu dir.

SCHMITZ
HÖRT IHR MICH NICHT?

BIEDERMANN Wer bist du denn?

SCHMITZ
ICH BIN DER GEIST – VON KNECHTLING.
Babette springt auf und schreit.

EISENRING Stop.
Er reißt dem Schmitz das weiße Tischtuch herunter.
Ein Idiot bist du! Das kannst du doch nicht machen.
Knechtling! Das geht doch nicht. Knechtling ist heute
begraben worden.

SCHMITZ Eben.
Babette hält ihre Hände vors Gesicht.

EISENRING Madame, er ist es nicht!
Er schüttelt den Kopf über Schmitz.
Wie kannst du so geschmacklos sein?

SCHMITZ Es fiel mir nichts anderes ein . . .

EISENRING Knechtling! Ausgerechnet. Ein alter und treuer
Mitarbeiter von Herrn Biedermann, stell dir das vor:
Heute begraben – der ist ja noch ganz beisammen,
bleich wie ein Tischtuch, weißlich und glänzend wie
Damast, steif und kalt, aber zum Hinstellen . . .
Er faßt Babette an der Schulter.

Ehrenwort, Madame, er ist es nicht.
Schmitz wischt sich den Schweiß.

SCHMITZ Entschuldigung.

BIEDERMANN Setzen wir uns.

ANNA Ist das jetzt alles?
Man setzt sich, Pause der Verlegenheit.

BIEDERMANN Wie wär's mit einer kleinen Zigarre, meine Herren? *Er bietet eine Schachtel mit Zigarren an.*

EISENRING Idiot! da siehst du's, wie Herr Biedermann zittert ... Danke, Herr Biedermann, danke! ... Wenn du meinst, das sei lustig. Wo du genau weißt: Knechtling hat sich unter den Gasherd gelegt, nachdem unser Gottlieb getan hat, was er konnte, für diesen Knechtling. Vierzehn Jahre lang hat er ihm Arbeit gegeben, diesem Knechtling, das ist der Dank –

BIEDERMANN Reden wir nicht mehr davon.

EISENRING Das ist dein Dank für die Gans!
Sie rüsten ihre Zigarren.

SCHMITZ Soll ich etwas singen?

EISENRING Was?

SCHMITZ »Fuchs, du hast die Gans gestohlen –«
Er singt mit voller Stimme:
»Fuchs, du hast die Gans gestohlen,
gib sie wieder her –«

EISENRING Laß das.

SCHMITZ
»Gib sie wieder her,
Sonst wird dich der Jäger holen –«

EISENRING Er ist betrunken.

SCHMITZ
»Mit dem Scheißgewehr.«

EISENRING Hören Sie nicht zu, Madame.

SCHMITZ
»Gib sie wieder her,

Sonst wird dich der Jäger holen
Mit dem Scheißgewehr!«

BIEDERMANN Scheißgewehr ist gut.

ALLE MÄNNER

»Fuchs, du hast die Gans gestohlen –«

*Sie singen mehrstimmig, einmal sehr laut, einmal sehr
leise, Wechselgesang jeder Art, Gelächter und gröhlende
Verbrüderung, einmal eine Pause, aber dann ist es Biedermann, der wieder anhebt und in der Spaßigkeit vor-
angeht, bis sich das Ganze erschöpft.*

BIEDERMANN Also: – Prost!

*Sie heben die Gläser, und man hört Sirenen in der
Ferne.*

Was war das?

EISENRING Sirenen.

BIEDERMANN Spaß beiseite! –

BABETTE Brandstifter, Brandstifter!

BIEDERMANN Schrei nicht.

*Babette reißt das Fenster auf, und die Sirenen kommen
näher, heulen, daß es durch Mark und Bein geht, und
sausen vorbei.*

Wenigstens nicht bei uns.

BABETTE Wo kann das nur sein?

EISENRING Wo der Föhn herkommt.

BIEDERMANN Wenigstens nicht bei uns . . .

EISENRING Das machen wir meistens so. Wir holen die
Feuerwehr in ein billiges Außenviertel, und später,
wenn's wirklich losgeht, ist ihnen der Rückweg ver-
sperrt.

BIEDERMANN Nein, meine Herren, Spaß beiseite –

SCHMITZ So machen wir's aber, Spaß beiseite.

BIEDERMANN Schluß mit diesem Unsinn! ich bitte Sie.
Alles mit Maß, Sie sehen, meine Frau ist kreidebleich.

BABETTE Und du?!

BIEDERMANN Und überhaupt: Sirenen sind Sirenen, darüber kann ich nicht lachen, meine Herrn, irgendwo hört's auf, irgendwo brennt's, sonst würde unsere Feuerwehr nicht ausfahren.

Eisenring blickt auf seine Uhr.

EISENRING Wir müssen gehen.

BIEDERMANN Jetzt?

EISENRING Leider.

SCHMITZ »Sonst wird dich der Jäger holen . . .«

Man hört nochmals die Sirenen.

BIEDERMANN Mach einen Kaffee, Babette!

Babette geht hinaus.

Und Sie, Anna, was stehen Sie da und glotzen?

Anna geht hinaus.

Unter uns, meine Herren: Genug ist genug. Meine Frau ist herzkrank. Scherzen wir nicht länger über Brandstifterei.

SCHMITZ Wir scherzen ja nicht, Herr Biedermann.

EISENRING Wir sind Brandstifter.

BIEDERMANN Meine Herren, jetzt ganz im Ernst –

SCHMITZ Ganz im Ernst.

EISENRING Ganz im Ernst.

SCHMITZ Warum glauben Sie uns nicht?

EISENRING Ihr Haus, Herr Biedermann, liegt sehr günstig, das müssen Sie einsehen: fünf solche Brandherde rings um die Gasometer, die leider bewacht sind, und dazu ein richtiger Föhn –

BIEDERMANN Das ist nicht wahr.

SCHMITZ Herr Biedermann! Wenn Sie uns schon für Brandstifter halten, warum nicht offen darüber reden?

Biedermann blickt wie ein geschlagener Hund.

BIEDERMANN Ich halte Sie ja nicht für Brandstifter, meine Herren, das ist nicht wahr, Sie tun mir Unrecht, ich halte Sie nicht für – Brandstifter . . .

EISENRING Hand aufs Herz!

BIEDERMANN Nein! Nein, nein! Nein!

SCHMITZ Aber wofür halten Sie uns denn?

BIEDERMANN Für meine – Freunde . . .

Sie klopfen ihm auf die Schulter und lassen ihn stehen.

Wohin gehen Sie jetzt?

EISENRING 's ist Zeit.

BIEDERMANN Ich schwör es Ihnen, meine Herrn, bei Gott!

EISENRING Bei Gott?

BIEDERMANN Ja!

Er hält die Schwurfinger langsam hoch.

SCHMITZ Er glaubt nicht an Gott, der Willi, so wenig wie
    Sie, Herr Biedermann – da können Sie lange schwören.

Sie gehen weiter zur Türe.

BIEDERMANN Was soll ich tun, daß Sie mir glauben?

Er vertritt ihnen den Ausgang.

EISENRING Geben Sie uns Streichhölzchen.

BIEDERMANN Was – soll ich?

EISENRING Wir haben keine mehr.

BIEDERMANN Ich soll –

EISENRING Ja. Wenn Sie uns nicht für Brandstifter halten.

BIEDERMANN Streichhölzchen?

SCHMITZ Als Zeichen des Vertrauens, meint er.

Biedermann greift in seine Tasche.

EISENRING Er zögert. Siehst du? Er zögert.

BIEDERMANN Still! – aber nicht vor meiner Frau . . .

Babette kommt zurück.

BABETTE Der Kaffee kommt sogleich.

Pause

Sie müssen gehen?

BIEDERMANN Ja, meine Freunde – so schade es ist, aber –
    Hauptsache, daß Sie gespürt haben – Ich will nicht viel
    Worte machen, meine Freunde, aber warum sagen wir
    einander eigentlich nicht du?

BABETTE Hm.

BIEDERMANN Ich bin dafür, daß wir Bruderschaft trinken!
Er nimmt eine Flasche und den Korkenzieher.

EISENRING Sagen Sie doch Ihrem lieben Mann, er soll des-
wegen keine Flasche mehr aufmachen, es lohnt sich nicht
mehr.
Biedermann entkorkt.

BIEDERMANN Es ist mir nichts zu viel, meine Freunde,
nichts zu viel, und wenn Sie irgendeinen Wunsch haben
– irgendeinen Wunsch . . .
Er füllt hastig die Gläser und gibt die Gläser.
Meine Freunde, stoßen wir an!
Sie stoßen an.
Gottlieb. –
Er küßt Schmitz auf die Wange.

SCHMITZ Sepp. –

BIEDERMANN Gottlieb.
Er küßt Eisenring auf die Wange.

EISENRING Willi. –
Sie stehen und trinken.
Trotzdem, Gottlieb, müssen wir jetzt gehen.

SCHMITZ Leider.

EISENRING Madame –
Man hört Sirenen.

BABETTE Es war ein reizender Abend.
Man hört Sturmglocken.

EISENRING Nur noch eins, Gottlieb: –

BIEDERMANN Was denn?

EISENRING Du weißt es.

BIEDERMANN Wenn Ihr irgendeinen Wunsch habt –

EISENRING Die Streichhölzchen.
Anna ist eingetreten mit dem Kaffee.

BABETTE Anna, was ist los?

ANNA Der Kaffee.

BABETTE Sie sind ja ganz verstört?

ANNA Dahinten – der Himmel, Frau Biedermann, von der Küche aus – der Himmel brennt ...

Es ist schon sehr rot, als Schmitz und Eisenring sich verneigen und gehen. Biedermann steht bleich und starr.

BIEDERMANN Zum Glück ist's nicht bei uns ... Zum Glück ist's nicht bei uns ... Zum Glück –

Eintritt der Akademiker.

Was wollen Sie?

DR. PHIL. Ich kann nicht länger schweigen.

Er nimmt ein Schriftstück aus der Brusttasche und verliest:

»Der Unterzeichnete, selber zutiefst erschüttert von den Ereignissen, die zur Zeit im Gang sind und die auch von unsrem Standpunkt aus, wie mir scheint, nur als verbrecherisch bezeichnet werden können, gibt die folgende Erklärung zuhanden der Öffentlichkeit: –«

Viele Sirenen heulen, er verliest einen ausführlichen Text, wovon man aber kein Wort versteht, man hört Hundegebell, Sturmglocken, Schreie, Sirenen in der Ferne, das Prasseln von Feuer in der Nähe; dann tritt er zu Biedermann und überreicht ihm das Schriftstück.

Ich distanziere mich –

BIEDERMANN Und?

DR. PHIL. Ich habe gesagt, was ich zu sagen habe.

Er nimmt seine Brille ab und klappt sie zusammen:

Sehen Sie, Herr Biedermann, ich war ein Weltverbesserer, ein ernster und ehrlicher, ich habe alles gewußt, was sie auf dem Dachboden machten, alles, nur das eine nicht: Die machen es aus purer Lust!

BIEDERMANN Herr Doktor –

Der Akademiker entfernt sich.

Sie, Herr Doktor, was soll ich damit?

Der Akademiker steigt über die Rampe und setzt sich ins Parkett.

BABETTE Gottlieb –

BIEDERMANN Weg ist er.

BABETTE Was hast du denen gegeben? Ich hab's gesehen! – Streichhölzer?

BIEDERMANN Warum nicht.

BABETTE Streichhölzer?

BIEDERMANN Wenn die wirkliche Brandstifter wären, du meinst, die hätten keine Streichhölzer? . . . Babettchen, Babettchen!

Die Standuhr schlägt, Stille, das Licht wird rot, und man hört, während es dunkel wird auf der Bühne: Sturmglocken, Gebell von Hunden, Sirenen, Krach von stürzendem Gebälk, Hupen, Prasseln von Feuer, Schreie, bis der Chor vor die Szene tritt.

CHOR

Sinnlos ist viel, und nichts
Sinnloser als diese Geschichte:
Die nämlich, einmal entfacht,
Tötete viele, ach, aber nicht alle
Und änderte gar nichts.
Erste Detonation

CHORFÜHRER

Das war ein Gasometer.
Zweite Detonation

CHOR

Was nämlich jeder voraussieht
Lange genug,
Dennoch geschieht es am End:
Blödsinn,
Der nimmerzulöschende jetzt,
Schicksal genannt.
Dritte Detonation

CHORFÜHRER

Noch ein Gasometer.
Es folgt eine Serie von Detonationen fürchterlicher Art.

CHOR

Weh uns! Weh uns! Weh uns!
Licht im Zuschauerraum

Über Max Frisch I
Herausgegeben von
Thomas Beckermann
edition suhrkamp 404

Über Max Frisch II
Herausgegeben von Walter Schmitz
edition suhrkamp 852

edition suhrkamp

Alphabetisches Verzeichnis der edition suhrkamp